Chébli Msaïdie

Sur le chemin du Taarab

Le chant d'amour d'un père à son fils

W0277526

Michel Lafon

118, avenue Achille-Peretti – CS 70024
92521 Neuilly-sur-Seine Cedex

www.michel-lafon.com

À ma mère,
À Maeva et à mes deux enfants.

« Ma famille, ma famille, ma famille...
Tout roule pour moi, car elle est mon moteur.
Mon carré VIP, c'est mon cercle familial.
Pour lui, je brillais avant les projecteurs.
I LOVE YOU Comoria...
À mon ami Chébli,
À chacun son Everest. »

Soprano

– 1 –

À la Grande Comores, il est fréquent qu'un enfant reçoive à la naissance un nom qui ne figurera sur aucun registre et qu'il n'est pas appelé à conserver ; mon père a choisi pour moi « Petit Chauffeur ». N'étant pas du genre à souffrir la contradiction, et personne n'ayant pris l'initiative de rembarrer, même pour rire, l'enthousiasme d'un homme venu reconnaître le premier mâle d'une lignée prometteuse, il fut donc convenu que « Petit Chauffeur », c'était bien. Surtout pour un garçon. Et c'est ainsi que chacun m'a appelé durant ma prime enfance. Deux raisons ont inspiré ce choix paternel, irrévocable : mon père conduisait chaque jour dans ses déplacements un officiel dépêché par la République française, et j'avais rallié Itsandra à Ouellah, berceau de la famille, à bord d'un véhicule à moteur sitôt sorti du ventre de ma mère. Du jamais-vu. Sans doute parce qu'à cette époque personne n'avait de voiture dans notre village. À l'exception de Chébli Msaïdie, mon père.

En 1970, les fonctionnaires de Moroni ne se sont pas interrogés sur l'endroit où je venais de voir le jour parce qu'ils n'avaient aucune raison de le faire. Et ils ont tenu pour certain que j'étais né dans leurs murs puisque c'est ce qui leur avait été annoncé. Mais Kemin, mon fils, j'ignore encore aujourd'hui d'où je viens. J'approche de la cinquantaine et le lieu de ma naissance reste un secret que ma mère, Mdjaza Daho – « Celle qui remplit la maison de bonheur », en comorien –, n'a jamais consenti à me révéler. Je n'ai pas beaucoup insisté parce que cela n'a finalement pas tellement d'importance. Après tout, que ma mère ait accouché à Itsandra, où est enterré mon cordon ombilical, ou à Moroni, qui m'a officiellement inscrit dans ses livres, n'a jamais eu d'incidence sur le cours de mon existence ; alors, pourquoi m'en soucier aujourd'hui ? Si ma venue en ce monde est entourée de tant de mystère, c'est par excès de précautions. Mdjaza Daho voulait égarer les marabouts et autres jeteurs de sorts, elle s'est donc appliquée à brouiller les pistes : « Ton cordon ombilical est à Itsandra, mais tu es né à Ouellah et ton père t'a déclaré à Moroni. »

Elle ne m'en a jamais dit davantage.

Mais je sais bien que je ne suis pas né à Ouellah.

Alors qu'un nouveau-né se voyait la plupart du temps attribuer le prénom et le nom de son père, j'ai dû, pour ma part, attendre de sortir de l'enfance. Chez nous comme partout ailleurs, un gamin a tôt fait de se révéler bagarreur ou amateur de foot, intello ou magouilleur, serviable ou colérique ; sur notre île, c'est le surnom attribué en fonction des petites spécificités de chacun qui va prévaloir sur le patronyme. Mon beau-frère, par exemple, on l'appelle Satellite depuis l'école car en maths, c'était un champion. Le frère de ta mère, excellent tant dans cette matière qu'en français, on l'a appelé Pascal, comme le philosophe et mathématicien. Le surnom de ton oncle, c'est à la suite d'une virée en mer au cours de laquelle il a failli se noyer qu'il l'a gagné. Mon petit frère, quatre ans à l'époque, en le voyant en difficulté, a crié plusieurs fois « Papa ha zomo » (« Papa va se noyer »). Ses amis pêcheurs, qui avaient mal aux côtes à force de rire, ont découvert à cette occasion que l'illustre Chébli Msaïdie ne savait pas nager. Après bien des efforts, la difficulté du sauvetage étant accrue par la panique et la houle, ils sont parvenus à le hisser à bord. Le soir, la rigolade a repris sous le manguier de la place du village et ce surnom de « Papa Zomo » est resté pour mon petit frère. D'autres se sont succédé. Parce que les événements qui jalonnent le cours d'une vie peuvent en faire apparaître de nouveaux : ils s'imposent comme des évidences.

Je veux te parler de cet homme, Kemin, de Chébli Msaïdie, ton grand-père. Et de moi, Chébli Msaïdie, ton père. Tu sais, on est à peu près les mêmes. Des chanteurs de bonheur tous les deux. Je veux te parler de ta grand-mère et de ses sortilèges, de tes trois oncles, Youssouf, né à Itsandra mais que l'on n'appelle pas autrement que Mna Ouellah, « l'Enfant d'Ouellah », Soilih Chébli, déclaré sous le nom de « Ferdinand » pour le protéger du mauvais œil, et Ben Chébli, celui qu'on appelle Ahmed, de tes tantes, Riama et Sadate, que l'on a ainsi nommée en hommage au président égyptien assassiné, de ta multitude de cousins aussi, ceux de Marseille, ceux de Paris, ceux qui vivent encore au pays, je te raconterai leurs pratiques, leur quotidien, je te dirai comment ils s'arrangent avec la vie. Je veux que tu saches d'où tu viens. Que tu n'ignores rien de ta famille. De la Grande Comores et de l'importance supérieure que notre société – plus que partout ailleurs dans l'archipel – accorde au Grand Mariage. Durant quinze jours et autant de nuits, ce ne sont que cérémonies et festivités qui s'enchaînent ; je m'y prépare car je vais épouser Maeva, celle qui t'a donné le jour il y a seize ans. Somptueuse de générosité envers nous, ta maman est la plus dévouée des mères et je veux que tu saches l'amour qu'elle nous donne. Comme celui que j'ai pour elle. Les embûches, les joies, les peines et les espoirs qui nous ont conduits là. Un jour très particulier se profile, Kemin. Un jour que nous allons vivre ensemble, et il sera mon présent. Mais avant, je vais te guider dans l'entrelacs de tes racines.

Il faut que tu le saches : les mots « oncle », « tante » et « cousin » n'existent pas dans notre langue ; nous sommes tous « papa », « maman », « frère » et « sœur ». C'est pourquoi je suis devenu « Papa Kemin » le jour où tu nous as été envoyé. Toi et moi allons entreprendre un grand voyage. Je vais te parler comme jamais auparavant. Te dire des choses que je n'ai dites à personne. Ensemble, nous allons partir sur le chemin du taarab et tu connaîtras un instant d'extase incomparable. C'est ma voix qui t'y conduira. Laisse-toi porter au fil des mots, au fil des notes, tu seras affranchi de la douleur et du chagrin. Écoute ce chant qui abolit la souffrance jusqu'à l'oubli où nous allons nous rejoindre. Là où passé et présent se confondent…

Mon père disait : « Le taarab appartient à l'Égypte. C'est une musique qui a voyagé ; elle a traversé l'Afrique en son cœur, progressant vers l'est, avant de parvenir jusqu'à nous, aux Comores. »

Pour lui, pas de doute : c'est là-bas qu'a jailli pour la première fois cette note ultime dans sa perfection au point de transporter l'âme vers des sphères inconnues. L'étendue de sa culture musicale et son tempérament ont conduit ton grand-père à mâtiner de rumba congolaise et de tango cette musique venue des pyramides. Il fallait voir débouler sur scène, comme s'il venait d'y être catapulté, ce Nougaro noir chargé d'une énergie que décuplaient les clameurs. Aucun rythme africain ne lui était inconnu, au point qu'il pouvait nous parler des heures durant des Pygmées et de leurs chants venus de la nuit des temps. C'était un artiste dont la renommée avait atteint des villages si lointains que les habitants d'Ouellah et d'Itsandra n'envisageaient jamais de s'y rendre, même au prétexte de faire commerce des chiches produits de leur terre. L'on se pressait pour entendre chanter Chébli Msaïdie ; son timbre chavirait les femmes, fascinait les hommes. Ses inflexions jetaient le public en pâmoison, il l'emmenait où il voulait, du délire au recueillement, et s'en délectait.

De profil, grâce à un nez aquilin et au teint légèrement cuivré de sa peau, ton grand-père Chébli pouvait passer pour kenyan, somalien ou éthiopien. Sa beauté était typique des Africains de l'Est, avec toutefois une stature plus compacte, plus ramassée que la leur, comme s'il s'apprêtait toujours à bondir, le muscle saillant et l'air déterminé. Outre sa voix, ses cheveux fins et doux faisaient sa fierté. Il goûtait pleinement cette notoriété qui le précédait et lui valait le meilleur accueil où qu'il fût attendu sur notre île. C'est aussi, je suis formel sur ce point, le seul homme à avoir formé un orchestre à Itsandra alors qu'il n'y était pas né. Et quel orchestre ! Plus de trente musiciens, danseuses, danseurs et choristes l'accompagnaient sur scène. Il était d'une rare exigence avec eux. Comme il l'était avec lui-même. Avec ses enfants. Et sa femme. Perfectionniste, voire maniaque. Un jour que ma mère lui avait servi le thé alors que ses ongles n'étaient pas impeccables, il n'avait pas hésité à envoyer valdinguer le plateau et la tasse à travers la pièce !

Soucieux de la mode, mon père commandait ses tenues sur le catalogue La Redoute après avoir longtemps comparé, griffé de l'ongle, soupesé puis pincé entre le pouce et l'index les échantillons d'étoffes expédiés depuis les brumes du nord de la France. L'une des missions de Mdjaza Daho consistait à ce qu'elles fussent sans le moindre faux pli, la moindre tache sacrilège, en cas de départ inopiné, là où l'appelait tantôt son patron, tantôt son public.

Chébli Msaïdie était croyant et respectait les règles de l'islam. Il assumait son africanité tout en aspirant à vivre comme un Blanc et, fervent partisan de la modernité, il s'appliquait à la débusquer sous tous ses aspects, appréciant de la voir se glisser là où on l'attendait le moins. Musique, religion, coutumes, selon lui, rien ne devait rester figé, engoncé dans l'habitude. On lui pardonnait tout, c'était une célébrité. « Un saltimbanque ! » vitupérait Mama Be, « La Grande », en malgache, sœur cadette de Mdjaza Daho pour qui la tradition et le qu'en-dira-t-on importaient plus que tout en ce monde. Quand, en fin de semaine, mon père quittait son costume de chauffeur, c'était pour enfiler celui d'ambianceur. Il débarquait de Moroni aux derniers rayons du soleil, se sachant attendu au village comme la pluie après la saison sèche. Sa voiture abandonnée sur la place principale à un essaim de gamins éblouis, il s'en allait rejoindre d'un pas souple les gars de l'orchestre grâce auquel notre village d'Ouellah était devenu « Ouellance, la capitale de l'Ambiance ». Les femmes n'avaient d'yeux et d'oreilles que pour ce play-boy qu'aucune fanfaronnade ne rebutait.

Compte tenu de sa propension à fréquenter les Blancs et à s'imprégner de leurs habitudes, tics et manies, certains membres de la communauté voyaient en lui un « mzungu », terme qui, sans être péjoratif, reste peu déférent à l'égard des Européens qu'il désigne. Concernant mon père, le propos était teinté d'ironie mais aussi – et surtout – d'envie. Je vais te raconter, Kemin, comment cet enfant, errant à demi nu dans les rues d'Itsandra, s'est fait roi…

Ton grand-père n'avait pas neuf ans quand il a été recueilli par une famille d'Itsandra. Un chiffon, peut-être cela avait-il été un torchon, était noué autour de sa taille ; c'était sa seule protection contre la morsure du soleil. Les Mhoussin, des commerçants prospères de père en fils, ont bientôt considéré ce gamin plus débrouillard que la moyenne comme l'un de leurs rejetons. Ils ne l'ont toutefois pas envoyé à l'école : sa sueur justifiait le contenu de son assiette. Le matin, il partait travailler dans les champs de vanille ou de coprah. Il n'était pas homme à tout faire parce qu'il n'avait rien d'un homme, mais pour le reste, sa peine était bien celle d'un adulte. On ne le ménageait pas et il ne souhaitait pas l'être. Nul ne l'a jamais entendu se plaindre. Et il en a été ainsi jusqu'à ce qu'il atteigne l'âge de seize ou dix-sept ans. Il a appris à conduire, une voiture puis un camion, s'est initié aux subtilités du double débrayage, et s'en est allé livrer des matériaux de construction chaque jour de la semaine, vitres baissées, cheveux au vent, dès les premières lueurs de l'aube. L'air tiède caressait sa peau, il respirait à pleins poumons sur la route du bord de mer en s'émerveillant du spectacle qui lui était offert. C'était le meilleur moment de sa journée. Il se sentait libre – merveilleusement, incroyablement libre ! – comme chaque fois qu'il se trouvait au volant d'un véhicule avec de l'asphalte devant lui. Plus loin, c'est de la piste qui l'attendait, avec, parfois, de la tôle ondulée sur des kilomètres ; il avait appris à quelle vitesse il convient de la négocier pour ne pas être secoué comme dans un shaker. Même en remontant les vitres et en fermant les clapets d'aération, la poussière envahissait l'habitacle et il la sentait se plaquer en un amas dégueulasse au fond de sa gorge tandis que ses narines s'obstruaient. Le sable crissait entre ses dents. Mais quelles que fussent les conditions de chacun de ses périples, ton grand-père, pour rien au monde, n'aurait renoncé. Il a su discerner très tôt ce qui le rendait heureux.

À vingt ans, il jouait de l'accordéon, du violon aussi, mais ne me demande pas qui lui a enseigné son art. Peut-être, d'ailleurs, s'est-il acharné à travailler, patient et obstiné, sur ses instruments en autodidacte. La famille Mhoussin était aisée et cultivée. Des livres, islamiques pour la plupart, étaient alignés sur les rayons d'une bibliothèque et ils avaient été lus par les trois générations qui cohabitaient sous le même toit. Mon père, heureux propriétaire d'un tourne-disque, était toujours en quête de nouveautés. Celles-ci pouvaient être le produit de l'incroyable brassage local – Africains du continent, Malgaches, Arabes, Français, Comoriens originaires d'Oman ou du Yémen ont enrichi notre musique de leur apport – ou, privilège réservé à la seule élite, importées d'Occident. Voilà donc l'univers dans lequel Chébli Msaïdie, l'enfant sauvage des rues d'Itsandra, s'est trouvé immergé jusqu'à son jeune âge d'homme. Le sang du peuple swahili qui coulait dans ses veines avait fait de lui un combattant ; l'âpreté de sa condition passée avait nourri son ambition, forgé sa détermination. De culture arabe et s'exprimant en bantou, soumis aux influences de rythmes venus de par-delà l'océan, il s'est imprégné du savoir de ceux qui voyageaient, curieux de tout et avide de voir ses connaissances musicales sans cesse renouvelées. Chébli Msaïdie était bien décidé à ajouter sa voix au grand concert des musiques du monde.

La France ne faisait pas alors office d'eldorado aux yeux de notre peuple insulaire. C'était loin, la France, surtout avant l'Internet et le low cost, et les Comores ont toujours entretenu avec elle des relations compliquées. La fortune, il fallait aller la chercher ailleurs. Les plus audacieux embarquaient à destination de Madagascar ou Zanzibar. D'autres choisissaient Dar es Salam, en Tanzanie. Mon père aimait leur fréquentation quand ils étaient de retour à Moroni. Il rêvait de leurs exploits et se nourrissait de leurs histoires où le meilleur rôle leur était toujours réservé. C'est aux musiciens qu'il prêtait le plus d'attention. Certains lui faisaient découvrir des chants, d'autres, des sonorités inédites, des accords qu'il n'aurait su imaginer, des mélodies qui embrasaient son esprit créatif.

– 2 –

Ma mère Mdjaza Daho avait cinq ans quand elle a commencé à vendre du manioc et des bananes sur les marchés. Elle avait un frère et une sœur, mais le garçon était mort, suivi de sa mère, après avoir été malade, longtemps. La fillette est restée des jours sans mot dire à contempler sa maman qui n'avait plus la force de se lever. Sans comprendre pourquoi, elle n'allait plus aux champs où la fillette aimait tant l'accompagner, ni les raisons pour lesquelles elle avait cessé de nourrir les quelques chèvres efflanquées qui erraient comme des âmes en peine dans la cour de leur maison quand ce n'était pas à l'intérieur même de la maison. Les trois ou quatre petites poules tachetées de gris ne donnaient plus d'œufs. Ta grand-mère avait faim. Quand elle rentrait avec 4 francs CFA gagnés au marché, Mdjaza Daho savait qu'ils suffiraient à mettre quelque chose dans l'estomac de chacune pendant deux jours, parfois trois. C'est ainsi qu'elle est parvenue à subvenir aux besoins de sa mère et de sa sœur tandis que la maladie faisait ses ravages. Quand elle s'est retrouvée seule avec sa sœur, Mdjaza Daho est partie sur les routes. J'ignore où une enfant de cet âge peut trouver la force de parcourir un millier de kilomètres, mais, je te l'assure, Kemin, c'est la distance qu'elle a parcourue pour assurer sa subsistance et celle de sa grande sœur. Une tante va les recueillir à Ouellah au début des années 1950. Elle vivait dans l'une de ces cases circulaires comme on en trouvait encore dans nos villages, les murs et le toit étaient tressés de feuilles de coco. Je te montrerai des photos, si tu veux…

Un jour, la sœur chérie de Mdjaza Daho va partir à Madagascar où, espère-t-elle, la Providence se montrera enfin bienveillante à son égard : elle doit y prendre mari et fonder une famille. L'éloignement est d'autant plus cruel et redouté qu'aucune des deux adolescentes ne sait quand elle serrera de nouveau l'autre dans ses bras. Durant une période interminable, elles se sentiront comme deux siamoises qu'un bistouri inexpérimenté aurait séparées. Habituée à souffrir depuis toujours, Mdjaza Daho avait pour principe de ne le montrer en aucune circonstance ; elle pouvait même passer pour joyeuse, une qualité que les gens du village lui prêtaient souvent avec la gentillesse. Elle aurait pu en faire valoir une autre, et pas la moindre, si la modestie, qui comptait également au nombre de ses vertus, ne l'en avait empêchée : Mdjaza Daho était l'une des plus belles filles d'Ouellah et de ses environs. Élancée, presque longiligne, elle ne passait jamais inaperçue dans les rues du village où l'appelaient ses occupations multiples et variées, parce qu'elle était aussi courageuse, et son pas, qu'accompagnait un léger déhanché, lui valait un feu croisé de regards admiratifs. Son port de tête était altier, sa peau très claire faisait rêver les hommes, les jeunes et d'autres qui l'étaient moins. Elle était convoitée et le savait. Des prétendants, déjà nombreux, s'étaient manifestés auprès de la famille. Je tiens pour sûr, Kemin, qu'un soupirant lui a été présenté et qu'il y a eu fiançailles ou mariage. A-t-il été consommé ? Je l'ignore encore aujourd'hui : « Peu importe, aucun enfant n'a été conçu », a sèchement éludé Mdjaza Daho qui, tu le sais, n'aime pas entrer dans les détails.

La discussion était close. D'autant que ces interrogations *a posteriori* sur ce qui aurait pu être, n'a pas été, et ne sera jamais, ce sont des trucs d'Occidentaux qui embêtent l'Africain. À quoi bon s'encombrer l'esprit avec des préoccupations qui n'ont pas ou plus lieu d'être ? Depuis toujours, Mdjaza Daho sème des indices mais ne révèle rien. Elle distribue aux uns et aux autres les pièces d'un puzzle en veillant à ce qu'il ne puisse jamais être reconstitué. C'est de sa vie dont il s'agit ; en conséquence, estime-t-elle, nul n'a le droit d'exercer dessus le moindre regard, ses enfants moins que quiconque.

Chébli Msaïdie, ton grand-père, a fait irruption dans la vie de celle qui allait devenir ma mère avec cette fougue qui caractérisait chacune de ses entrées sur scène. Seuls manquaient les roulements du tambour. Elle l'a vu venir de loin, ce beau parleur aux belles manières, à la belle voiture, à la belle prestance, rasé de près et qui sentait bon l'œillet, si sûr de lui et de l'ascendant que le velours de sa voix exerçait sur la gent féminine. Elle s'en méfiait mais restait intéressée, curieuse surtout. Ainsi, monsieur était chanteur et aussi musicien ; les présentations n'étaient pas nécessaires, il eût fallu habiter sur Mars pour ne pas le connaître. Mon père, pas peu fier de sa notoriété naissante, en faisait des tonnes ; et, puisqu'il s'était mis dans la tête de l'épouser, il allait sortir le grand jeu à cette donzelle qui feignait de le prendre de haut. Il a su la faire rire et ce fut sa première victoire. Ses promesses avaient l'accent de la sincérité, ses baisers, le goût du miel. Avec un homme comme lui à ses côtés, songeait Mdjaza Daho, l'avenir prenait du sens. Mais la famille, aussi respectueuse de la religion que de la tradition, ne l'entendait pas de cette oreille. Sa tante, surtout, qui voyait en Chébli Msaïdie un dépravé à peine dissimulé sous les habits de l'artiste. Peu lui importait que cet homme, porté par un fort instinct de survie, eût été capable de construire sa réussite avec sa volonté pour seul outil, qu'il sût écrire l'arabe sans jamais avoir usé le fond de sa culotte sur un banc d'école, française ou coranique, et qu'enfin, après en avoir obtenu l'autorisation de M. Mhoussin, il occupât le poste très convoité de chauffeur du commissaire de la République. La fonction l'exposant à de hautes responsabilités, il était rémunéré en conséquence par l'État français, un employeur réputé fiable. Mais la tante de Mdjaza Daho n'avait cure de tout cela. Elle ne retenait du personnage que ses aspects les plus tapageurs. Alors, malgré les foudres qui ne manqueraient pas de s'abattre un jour sur lui, mon père a embarqué ma mère à bord de sa Peugeot et, ensemble, ils ont mis le cap sur Itsandra où s'offraient à eux les perspectives merveilleuses d'une vie nouvelle.

Itsandra est un village posé face à l'immensité de l'océan Indien, le soleil le prend pour enclume dès les premières heures du matin, quelle que soit la saison. L'eau y est particulièrement cristalline et le sable, si fin qu'il s'écoule entre les doigts comme de la farine. Les manguiers offrent une ombre bienfaitrice aux pêcheurs assoupis. Leurs barques se dandinent un peu plus loin, les filets ont été réparés. Il est midi. Pas un souffle d'air. Une chèvre famélique passe, langue pendante, la queue entre les pattes, les yeux hagards. Les rues sont désertes, les volets, clos. Itsandra est un four à l'intérieur duquel tout semble vibrer quand l'étoile centrale de notre système solaire est à son zénith. C'est aussi un lieu de ferveur, le berceau de l'Islam comorien, où de nombreux cheikhs ont choisi d'y établir leur résidence. Toutefois, le soir venu, Itsandra devient un lieu de fêtes et de réjouissances ; le seul, sans doute, où une guinguette jouxte les mosquées. Les haut-parleurs cessent de diffuser les derniers airs en vogue au moment précis où le muezzin lance son appel à la prière, puis reprennent de plus belle sitôt qu'il a terminé. Il n'y avait personne pour s'en émouvoir quand Chébli Msaïdie et la jeune femme qu'il s'était choisie pour la vie – c'était le vœu le plus cher à son cœur – se sont établis à proximité de cette plage. Mon père partait le matin mettre son expertise à disposition du commissaire de la République, slalomant ici entre cyclistes et nids-de-poule, là entre un âne alangui au beau milieu de la route et des gamins surgis de nulle part qu'il aurait accrochés de son pare-chocs n'eût été sa dextérité sans pareille derrière un volant.

Un beau matin, Mdjaza Daho a estimé judicieux de m'expédier à la campagne. Je ne l'ai su que plus tard, elle s'apprêtait à donner un autre fils à son mari et mon départ allait faciliter son quotidien. Durant sa grossesse, elle est souvent venue me rendre visite chez celle qui lui avait prodigué l'amour d'une mère durant tant d'années. Mon père l'accompagnait, toujours pressé. Avec l'un de mes oncles, surnommé « Jamais Loupé » compte tenu de sa propension à ne jamais rater une fête, surtout si elle pouvait l'emmener au bout de la nuit, et quelques autres larrons encore, ils formaient une petite bande qui écoutait la musique des Blancs, avec une préférence pour celle en provenance d'Amérique. Tout leur était prétexte à s'amuser, danser et faire la fête. Tard dans la nuit, il leur arrivait de se produire avec leurs instruments, comme des jazzmen à l'occasion d'un bœuf improvisé ; l'assistance en redemandait toujours. Leurs performances ont été de plus en plus fréquentes, l'audience, de plus en plus nombreuse. Et c'est ainsi que l'orchestre ACM, qui va fêter ses cinquante ans en 2018, s'est formé. Bientôt, les tubes ont été si nombreux que la demande a explosé.

On les voulait partout à la fois. Il fallait injecter un peu de professionnalisme dans ce qui, jusqu'alors, avait été un chaos sympathique ayant rencontré son public. Assurément, Chébli Msaïdie était l'homme de la situation. L'ordre, la rigueur et l'organisation étaient ses autres domaines d'expertise. Le soir où, très fier, il a été élu président du bureau de l'association – chaque orchestre adoptait ce statut juridique –, il est rentré avec une batterie à la maison. Il l'a installée au beau milieu du salon et un de mes oncles s'est mis à en jouer comme un forcené. Puis mon père est parti d'un grand éclat de rire et a raconté les coulisses de l'élection à ma mère, comment il avait dû se battre, être le meilleur, convaincre. Guerrier victorieux de retour du champ de bataille, il a révélé à Mdjaza Daho qu'elle aussi avait été effleurée par les ailes de la gloire, puisque, pas plus tard que ce soir-là, elle était devenue *de facto* « présidente », de Banat ACM comme le prévoyaient les règles de l'association. L'insigne honneur n'en finissait pas de faire des heureux ; son onde bénéfique s'est propagée à chacune des sphères du clan auquel appartenait ma mère, lequel s'est toujours montré sensible aux distinctions et, plus précisément, à ce qui permet d'inspirer le respect chez autrui. Lorsque ses membres prononçaient les mots « président » ou « présidente » – ne manquant alors jamais de rappeler leur lien de parenté avec Mdjaza Daho –, mes parents étaient comme des enfants se délectant d'une friandise.

Les souvenirs que je garde de mon père sont pour la plupart liés à la musique. Les premiers qui viennent affleurer à la surface de ma mémoire sont ceux, visuels, de mes parents dansant dans le salon. J'avais alors quatre ou cinq ans. Tango, cha-cha-cha, rumba congolaise, rythmes sud-américains, le mange-disque déniché à prix d'or était insatiable. Et il fallait parfois attendre les premières lueurs de l'aube avant de ne plus entendre que le silence.

Chébli Msaïdie pouvait passer des soirées et des nuits entières à chanter des standards égyptiens ou tanzaniens à sa femme. Il la vénérait même si ses absences, qu'il avait parfois du mal à justifier, lui valaient de sévères engueulades. Elle était aussi sa muse. Un soir, après des mots échangés un peu plus haut et fort que d'habitude, elle a quitté la maison pour aller se réfugier sur un banc où elle a pleuré longtemps, au beau milieu de la place publique. Il est parti à sa recherche, marchant à grands pas de peur qu'un Blanc ou un homme plus riche que lui vienne à croiser son chemin. Quand il l'a enfin aperçue, mon père a couru vers elle, il a pris ses mains dans les siennes et a demandé pardon. Il aurait marché sur des braises si elle le lui avait demandé. Cet épisode mouvementé de leur vie conjugale, un parmi tant d'autres, inspirera une chanson à mon père et c'est bien évidemment à Mdjaza Daho qu'il va la dédier. Le caractère public de ses remords l'a exonéré d'une séance durant laquelle il aurait dû s'amender en présence de notables – la tradition comorienne est stricte sur ce point –, et Mdjaza Daho, touchée au plus profond de son être, lui a accordé son pardon. Cet homme savait faire feu de tout bois.

Les gens se battaient pour monter sur scène et danser derrière les musiciens de Chébli Msaïdie. Son succès le confortait un peu plus chaque jour dans sa position de leader, au plan tant scénique que légal, de l'orchestre ACM. Nul ne contestait son autorité, même si les règles érigées pouvaient parfois surprendre. Ainsi, chacun devait arborer un costume au moment où il apparaissait face au public dans la lumière des projecteurs. Maçon, pêcheur ou menuisier, qu'importe si la feuille de paie ne le permettait pas, il fallait, pour jouer devant les fans, être cravaté de soie et porter une tenue de scène en provenance de La Redoute. Les plus démunis ont donc dû renoncer à se produire en tournée et c'était là un crève-cœur, d'autant que l'orchestre déplaçait les foules. La solidarité était de mise chez les musiciens : certains acceptaient parfois de voir leur costume partir à la rencontre de la notoriété sur le dos d'un autre. Toutefois, ce n'était pas là une majorité et la gestion humaine de l'orchestre restait une entreprise délicate. Mon père m'a raconté les rivalités, les luttes d'ego, l'addiction au succès. Les coups bas des laissés-pour-compte, aussi. L'un d'entre eux n'a pas supporté l'idée de voir son cousin, plus fortuné qu'il ne l'était, goûter au privilège de la scène. Alors il s'est arrangé pour subtiliser les échantillons de tissus attendus avec tant d'impatience ; sans eux, pas de commande possible. Simple et efficace, il suffisait d'y penser. L'attente du cousin, bien évidemment, est restée vaine. Mais le truqueur a été démasqué et la noirceur de son âme, révélée. Ils se connaissaient depuis l'enfance. Le soir du concert, chacun est resté chez soi confit dans la tristesse, la déception et le dégoût de l'autre.

J'allais avoir six ans, peut-être sept, quand mon père m'a inscrit à l'école coranique. À l'occasion du mois du Prophète et dans le cadre d'une cérémonie religieuse à laquelle devait assister un public nombreux, j'ai été désigné pour lire le Coran en place publique. Un immense honneur. C'est un oncle qui est venu me l'annoncer et j'ai cru sentir le sol se dérober sous mes pieds. Certes, j'appréhendais de lire les textes sacrés de l'islam face à une foule, mais ce qui me faisait peur, vraiment peur, c'était de le faire en présence de mon père, assurément dissimulé quelque part dans cette foule. Il s'est mis en quête du plus beau des boubous et d'une coiffe qui ne dépareillerait pas. Le jour venu, Mdjaza Daho tremblait pour son aîné. Je suis monté sur une estrade depuis laquelle j'ai entamé ma lecture. Le village et ses notables réunis au grand complet m'écoutaient en silence. Je n'osais lever les yeux. Ma voix n'a jamais faibli, jamais tremblé. En rentrant à la maison, la seule question qui me taraudait l'esprit était celle-ci : « Qu'est-ce que va dire mon père ? »

J'ai eu la réponse à mon interrogation quelques heures plus tard, quand je l'ai entendu dire à l'un de ses amis :

– Aujourd'hui, mon fils a lu le Coran avec modernité.

C'était, dans sa bouche, un compliment dont j'ai pris la mesure malgré mon jeune âge.

Chébli Msaïdie était ainsi : la modernité avant tout et partout. Même dans la lecture du Coran. Ce jour-là, j'ai compris qui il était.

Avec lui, il fallait se montrer à la hauteur en toutes circonstances ; c'était épuisant, surtout pour ma mère. Elle savait rester belle malgré les contrariétés et les maternités multiples : le cercle de la famille s'était élargi, nous étions six, quatre garçons et deux filles. Élégante, toujours bien coiffée, elle avait une prédilection pour les jupes larges et les talons. Elle calait sa vie en fonction des interstices que lui laissait l'emploi du temps de mon père et c'était trop peu pour exister vraiment.

« Je suis une femme d'intérieur », c'est ainsi qu'elle aimait à se présenter. Cuisiner pour les siens faisait son bonheur et le nôtre : la sauce de son ragoût de pommes de terre, son dessert à la papaye, au sucre et aux épices orientales ne peuvent être oubliés de ceux qui les ont goûtés. Mdjaza Daho a adapté les secrets transmis par les Mhoussin, la famille d'Itsandra qui avait accueilli mon père, aux recettes de professionnels passés par les cuisines du commissaire de la République. Elle pouvait également se piquer d'accueillir les amis de son mari, des Blancs, souvent, sans commettre le moindre impair bien que sollicitée en permanence par une marmaille tyrannique. Nous ne parvenions que très rarement à la faire sortir de ses gonds ; quand, d'aventure, cela venait à se produire, elle poussait des cris d'orfraie et menaçait de rapporter la liste de nos méfaits à notre géniteur. C'était son seul moyen de pression sur une horde malfaisante et criarde qui avait compris depuis belle lurette qu'elle ne mettrait jamais ses menaces à exécution. Les seules fessées que nous ayons reçues nous ont été administrées par notre père. Mdjaza Daho n'a jamais levé la main sur nous.

Il n'était pas nécessaire de lire dans les astres pour savoir que plus d'une fille, au village, avait des vues sur Chébli Msaïdie. Mdjaza Daho a donc entamé une guerre psychologique contre ses rivales, réelles ou supposées. Si sa réputation de cuisinière inégalée conjuguée à son statut de présidente ne suffisait pas à écarter la meute des prétendantes, c'est sur scène qu'elle allait les terrasser. Ma mère était la première fan de Chébli Msaïdie ; l'idée de fonder son « fan-club » lui est donc venue assez naturellement et c'est elle qui, bien évidemment, allait veiller à sa destinée. Un coup de maître : ses nouvelles fonctions accompagnées d'un titre ronflant contribuaient à renforcer son autorité et lui offraient, en outre, un poste d'observation sans pareil sur les groupies les plus motivées qui tenteraient d'approcher son homme. L'épouse de Chébli Msaïdie ne ratait jamais une occasion de se mettre dans la lumière à ses côtés, histoire de montrer qu'il était bien à elle et que c'était pour toujours. Et elle en rajoutait tant elle était désireuse de lever toute ambiguïté dans l'esprit de ces greluches. Se dire qu'aucune d'entre elles ne pouvait revendiquer une chanson d'amour écrite à son intention par Chébli Msaïdie la rassurait ; elle en conservait plusieurs dans un tiroir.

– 3 –

Mes parents formaient un couple moderne. Quel est celui, parmi mes copains, qui pouvait se vanter d'avoir vu les siens danser le tango et le cha-cha-cha sur la place publique ? Ou même à la maison ? Il n'y en avait aucun. Le père de l'un d'entre eux était-il propriétaire d'un véhicule à moteur ? Pas davantage. Nous possédions non pas un mais deux postes de radio, grâce auxquels il nous était possible de capter toutes les stations et donc d'écouter toutes les musiques. Le legs de coopérants qui s'en étaient retournés chez eux. Ma mère ne voyait pas l'utilité de conserver ces deux appareils : elle voulait se séparer de l'un d'entre eux pour acheter une chèvre. Mon père s'y est fermement opposé :

– Non ! J'en garde un pour moi et un pour mes enfants, n'insiste pas…

En bonne épouse, Mdjaza Daho s'était inclinée. Elle n'avait que deux références : Dieu et son mari. Le premier la protégeait, le second l'éclairait. Elle appréciait le logement de fonction dans lequel nous venions de nous installer à Mordju. Même le confort y était « moderne » ; Chébli Msaïdie était au comble du bonheur. On aimait notre nouveau quartier, c'était celui du représentant de l'État français. Des maisonnettes avaient été construites par les Blancs pour leurs employés. La fée électricité avait accès à toutes les pièces : un salon, desservi par un escalier, une chambre pour les parents et une autre pour les enfants, une cuisine et une salle de bains ; il y avait de l'eau qui coulait chaque fois qu'on tournait un robinet.

Nos cousins restés au village passaient leurs nuits à même le sol alors que nous disposions d'un lit doté de son matelas en mousse. Il m'est arrivé de partager le mien avec l'un de mes frères ; en tout cas, je n'ai jamais dormi par terre. Grâce à mon père qui l'avait fréquentée de trop près durant les premières années de sa vie, la misère n'est jamais venue frapper à notre porte. Je n'en ai jamais tiré gloriole.

Outre l'école coranique, je continuais de fréquenter l'établissement français d'Itsandra qui m'avait accueilli dès que j'avais été en âge d'entonner « En passant par la Lorraine ». Mon père m'a toujours déposé devant la porte de l'une et de l'autre, ce qui lui permettait de garder en permanence un œil sur mes activités. À l'exception de quelques coups échangés ici et là avec un cousin, je ne faisais de mal à personne et il aurait pu me laisser la bride sur le cou. Mais le problème, avec Chébli Msaïdie, c'est qu'il fallait apprendre sans cesse. Ce que la rue lui avait enseigné, il voulait me voir l'apprendre à l'école et dans les livres. Alors, il ne me laissait que peu de répit ; le foot avec mes copains était l'une des rares distractions auxquelles je pouvais prétendre.

Étant d'Ouellah, je me suis toujours senti un peu comme un étranger parmi les gamins d'Itsandra. Mais j'étais « le fils de Chébli », ce qui me valait une certaine considération. Je pouvais raconter des bobards, ce n'était pas grave, je venais d'une autre planète, personne n'irait vérifier. Je m'étais vu attribuer, grâce à la seule aura paternelle, le statut de « moderne ». Dire à une personne qu'elle était « moderne », c'était lui dire, transposé dans le langage d'aujourd'hui, qu'elle était « cool ». Donc, l'essentiel, c'était d'être « moderne », et je l'étais : je le devais à mes gènes. Ceux qui voulaient venir voir mes parents danser dans leur salon avaient intérêt à se montrer sympas avec moi et à me trouver « moderne ». C'était aussi simple que ça. J'exerçais une autorité naturelle sur mes camarades. J'étais délégué de classe, capitaine de l'équipe de foot, secrétaire général d'une association – un leader dans l'âme, en quelque sorte, ce qui n'était pas pour déplaire à mon père. Cet ascendant, je l'exerçais aussi sur mes frères, sœurs, cousins et voisins. Ils n'étaient pas scolarisés, alors, une fois rentré à la maison, je battais le rappel et partageais avec une assemblée toujours attentive mon savoir fraîchement acquis. Le maître d'école, un Malgache, me l'avait transmis en français et c'est dans cette langue que je le répercutais.

J'étais l'aîné. J'étais celui à qui tout arrive en priorité. Boubou, vélo ou T-shirt, s'il n'y en avait qu'un à pourvoir alors que nous étions quatre garçons, il me revenait d'emblée. Le droit d'aînesse, c'est imparable. Un privilège qu'aucun parmi la fratrie n'a d'ailleurs jamais songé à contester, parce qu'aux Comores c'est ainsi que vont les choses depuis toujours. En revanche, aucune différence n'était faite entre nous pour la nourriture. On mangeait ensemble, chacun se servait dans une assiette, une parfaite équité était respectée. La règle, c'était : « On ne touche pas à l'aîné, il a toujours raison. » Seuls ma mère et mon père étaient habilités à exercer une emprise sur moi. Pour être honnête avec toi, Kemin, je ne sais pas comment mes frères et sœurs ont vécu cette situation parce que nous n'en avons jamais parlé. Mais j'ai parfois l'impression qu'ils me la font un peu payer aujourd'hui... sans oublier les intérêts. Quel que soit le sujet abordé, ils veulent toujours me ramener à « mes responsabilités », et cela a chaque fois un coût. J'ai bénéficié des avantages de l'âge ; à moi, maintenant, les obligations jusqu'à la fin de mes jours...

Être le premier descendant mâle de Chébli Msaïdie n'était pas une mince affaire : tous les regards étaient tournés vers moi. Le chanteur, « celui qui fréquente les Blancs et roule en automobile », était au centre de toutes les conversations. D'où la curiosité qui s'exerçait à l'égard de sa progéniture. L'ouverture d'esprit de mon père, son intérêt pour tout ce qui était européen suscitaient à la fois défiance et curiosité. Comme lui, j'avais des copains blancs : les fils de nos voisins. J'allais chez eux, ils venaient chez moi. On était invités à fêter Noël chez le commissaire de la République qui nous offrait des cadeaux et des chocolats. Personne n'en prenait ombrage mais cela intriguait. Après l'automobile, Chébli Msaïdie a été le premier à posséder un lecteur enregistreur de cassettes. À cette époque, on se réunissait après le dîner, oncles, tantes et cousins, pour assister au coucher du soleil en famille. Ensuite, c'étaient des histoires à n'en plus finir. Chacun racontait la sienne. Quand ma tante Fahamwé a pris la parole, mon père l'a enregistrée. Puis il a appuyé sur « *on* » une fois que les rires et les applaudissements ont cessé ; chacun a alors pu entendre, répétés par une voix qui venait de nulle part, les mots prononcés quelques instants plus tôt par ma tante. Terrifiée, l'assistance s'est enfuie en courant. De quelle magie pouvait-il bien s'agir ?

C'était ça, la vie, quand je revenais au village avec mes parents. J'étais aimé, entouré, choyé. Il y avait ma tante, Mama Be, « La Grande » en malgache, notre « Première mère », comme nous l'appelions ; je me souviens du parfum vanillé de sa peau et qu'elle était plus prompte à pardonner que Mdjaza Daho. Pour veiller à mon éducation, les deux femmes trouvaient en Marahaba Mmadi un soutien indéfectible : ma grand-mère paternelle avait pour moi des ambitions proportionnelles à l'amour immodéré qu'elle me portait. Je crois qu'une bonne partie de la confiance que je m'accorde, je la leur dois. Le reste, c'est Chébli Msaïdie qui me l'a donné.

Chébli et Mdjaza Daho n'étaient pas spécialement démonstratifs l'un envers l'autre ; ils n'ont jamais eu le moindre geste d'affection en notre présence, et aucun villageois ne peut sérieusement affirmer que mon père, exception faite du soir où il s'est précipité pour aller la récupérer sur un banc, se soit montré le plus attentionné des hommes. Il avait ses accès de tyrannie domestique, s'absentait souvent et, quand il rentrait, ce n'était pas pour nous prendre dans ses bras les uns et les autres pendant des heures. Pourtant, chacun des retours de Chébli Msaïdie était un événement attendu avec impatience et ferveur. Si chaque instant passé avec lui m'était si précieux, c'est qu'avec Chébli tout était soudain, imprévisible ou démesuré. Rigolo ! Si ma mère l'envoyait chercher un oignon ou du sel dans cette petite épicerie où nous avions compte ouvert – ce n'était pas donné à tout le monde –, il les achetait par sacs entiers, et en faisait ajouter quelques autres, de sucre et de semoule. Il avait ainsi l'impression de remplir son Caddy au supermarché. Mais sans doute, plus que tout, voulait-il donner au village l'image d'un homme prospère qui ne refusait rien aux siens.

Un matin, un gamin aussi essoufflé que dépenaillé est arrivé à la maison. Il avait un message important à nous transmettre :

– Votre père vous attend à la sortie du village, sur la route nationale, au croisement. Dépêchez-vous !

Il y avait trois bons kilomètres à parcourir jusqu'au carrefour. Nous voilà, Mdjaza Daho entourée de ses petits, dévalant un chemin pierreux sur la maigre semelle de nos sandales, pour ne rien rater d'un événement qui promettait d'être inoubliable tant il nécessitait d'empressement. Mon père était assis sur l'aile de sa voiture, il nous attendait en fumant une cigarette. À son côté, un homme avait déployé le trépied d'un appareil photo muni d'un soufflet ; j'apprendrais plus tard que c'était une « chambre ». Il nous a placés dans la lumière qui était encore douce, prenant le soin d'aligner les plus petits d'entre nous au premier rang. Chébli Msaïdie nous a rejoints, il souriait, et tous ensemble nous avons pris la pose. Mdjaza Daho était gênée, elle n'avait pas l'habitude. Elle a affiché un air solennel. Les gosses se tortillaient d'impatience. Le photographe a disparu quand il a rabattu sur sa nuque, d'un geste prompt, un morceau d'étoffe noire grâce auquel il se trouvait désormais isolé dans la plus parfaite obscurité. Il y eut un éclair de magnésium au bout de son bras levé comme s'il brandissait une torche, accompagné d'un tonitruant « splosh », et une odeur un peu âcre, pas désagréable, a flotté dans l'air quelques instants. L'homme a extrait des plaques de l'appareil, il semblait satisfait de son travail, et mon père, de l'aubaine qu'il avait saisie. Pourquoi une photo ce jour-là ? Tout simplement parce que l'opportunité s'en était présentée à Chébli Msaïdie. Sans doute avait-il fraternisé avec le photographe dans le cadre de l'une ou l'autre de ses activités, avant de conclure avec lui un accord dont nous ne connaîtrons jamais la teneur. Mdjaza Daho conserve cette photo au milieu d'autres menus trésors, elle ne s'en séparerait pour rien au monde.

Rien n'a été épargné à ta grand-mère. Il lui est même arrivé d'aller accueillir mon père à la sortie d'une prison où il venait de passer quatre jours. Pour un malentendu. Le président Ali Soilih, arrivé au pouvoir après un coup d'État, avait invité les auditeurs de la radio nationale à lui poser leurs questions. En direct. Chébli Msaïdie se posait des questions sur Dieu. Partant du principe que le Président était un homme de grande culture, forcément intelligent puisqu'il avait accédé aux plus hautes fonctions, il devait en savoir plus que lui : mon père lui a donc posé une question sur Dieu. Qui a laissé coi le Président. Il n'y avait aucune malice dans sa démarche ; il était un homme parmi d'autres qui cherchait des réponses. Au petit matin, des types sont venus le chercher à la maison et l'ont embarqué au commissariat pour interrogatoire. Chébli Msaïdie était-il un dangereux contre-révolutionnaire ? Était-il hostile au pouvoir en place ? Qui se cachait derrière le masque du chanteur populaire ? Avait-il quelque chose contre le peuple ? L'indépendance était passée par là. Mais il y avait erreur sur la personne. Mon père, c'était un chanteur. Rien qu'un chanteur. Et c'était mon roi.

Je suis croyant, Kemin. Dès l'enfance, je me levais tous les matins à cinq heures et ma journée commençait par la prière. Pour Mdjaza Daho comme pour mon père – l'un et l'autre souhaitaient me voir acquérir des connaissances auxquelles ils n'avaient pu avoir accès –, la fréquentation de l'école coranique était une obligation à laquelle je devais me soumettre. L'un de mes oncles, qui enseignait le Coran à Moroni, leur avait reproché de m'y avoir inscrit après m'avoir fait entrer à l'école publique ; d'ordinaire, c'est l'inverse qui se produit. Je m'y suis donc rendu durant plusieurs années, et c'est là que j'ai appris à lire et écrire l'arabe. Les cinq piliers de l'islam et une lecture intégrale du Livre saint figuraient au programme, ainsi que l'apprentissage de nombreuses prières. Les maîtres étaient sévères, ils n'hésitaient pas à donner du bâton sur les doigts. J'étais meilleur élève à l'école coranique qu'à l'école publique, alors j'ignore pourquoi je m'y montrais plus turbulent. Quand l'un d'entre nous était puni, ce qui m'est arrivé plus souvent qu'à mon tour, il devait balayer la cour, aller chercher le déjeuner de celui qui l'avait sanctionné, ou encore effectuer chez lui de petits travaux. C'était mon aisance qui dérangeait. Cette faculté qui était la mienne de poser des questions malvenues ; j'imagine que c'est de famille. J'aimais bien le jeudi et le vendredi. Le jeudi matin, on allait aider le maître dans son champ, puis on chantait l'après-midi et toute la journée du vendredi, qui était sans enseignement ; je ne traînais jamais les pieds pour y aller. C'est avec ce maître que j'ai appris que j'avais une voix.

Il fallait être dans la norme, ne jamais s'en écarter ; c'est pourquoi, par exemple, je me suis essayé à la flûte. Alors que mon bonheur, c'était d'improviser des rythmes et des tempos sur des morceaux de tôle qui traînaient dans le jardin. Ceux qu'interprétait mon père ou ceux que j'avais entendus à la radio. J'ai abandonné la flûte pour me consacrer au chant. Notre troupe était constituée d'une vingtaine de garçons, dont tous n'étaient pas encore pubères. Aucune fille parmi nous. Bien sûr, j'étais le leader de la chorale.

À la mosquée, les élèves s'exerçaient à lire le Coran à haute et intelligible voix ; la mienne était justement placée grâce à la pratique du chant. « Différente », m'entendais-je souvent dire : donc, moderne. Quand il m'a fallu interpréter les qasida qui narrent la vie du Prophète, je disposais d'un net avantage sur mes camarades : j'avais écouté en boucle, gravée dans la cire d'un 33 tours que possédait mon père, la voix miraculeuse d'Oum Kalsoum interprétant des chants religieux. Je l'ai donc imitée. Cela a plu au maître. Je n'éprouvais pas la moindre appréhension face au public, alors que certains parmi mes camarades étaient tétanisés au point qu'aucun son ne s'échappait de leur gorge. Quand les versets ont été enregistrés puis diffusés par des haut-parleurs, cela a été un soulagement pour nombre de timides. À l'école publique, je m'appliquais tout autant à marquer ma différence. J'avais pour moi de connaître des choses que les autres ignoraient. Certains, qui ne parlaient que l'arabe, pouvaient réciter Victor Hugo sans en comprendre un traître mot, pas moi : j'ai toujours eu une aversion pour le « par cœur ». En revanche, le français m'était facile et naturel, je m'exprimais avec plaisir dans cette langue qui n'était ni celle de ma mère ni celle de mon père ; à vrai dire, Kemin, je faisais un peu le fanfaron avec ça. J'aimais lire. Je crois que je venais d'entrer en sixième quand je me suis mis en tête d'écrire un livre. J'avais déjà tellement à raconter…

Elle s'appelait Hafoussoi, elle était la fille de l'homme le plus riche des environs et j'en étais amoureux. Pouvais-je faire autrement ? Si tu avais vu ses yeux, Kemin ! Et la grâce de son cou délicat. Son sourire, aussi. Quand elle se déplaçait, elle était comme une liane qui ondule dans le vent. J'étais fasciné. Même si j'arrivais en voiture le matin à l'école, je restais fils de chauffeur, ce qui avait pour effet de me disqualifier. Mais ce chauffeur était aussi un chanteur – et pas n'importe lequel ; j'étais persuadé que cela suffirait à abolir la frontière sociale qui nous séparait. Ce qu'ignorait ma belle, c'est que, tout chauffeur qu'il fût, Chébli Msaïdie nous ouvrait, à nous, ses enfants, une fenêtre sur le monde et nous invitait à battre la mesure avec lui. Il ne se contentait pas de mettre quelque chose dans notre assiette, il nourrissait notre esprit et nos rêves. Cela n'avait pas de prix parce que cela ne s'achète pas. Dans l'existence de Mdjaza Daho, il n'y a jamais eu que la prière et la famille. Elles occupaient certes une importance majeure aux yeux de Chébli Msaïdie, mais il aspirait à autre chose. Il voulait mener enfin une vie sociale à la hauteur de son talent. Il voulait être considéré et respecté, même s'il n'était pas notable, ne s'étant jamais résolu à célébrer le Grand Mariage avec ma mère. Le soir, quand il rentrait à la maison, il rapportait non seulement son lot de découvertes musicales, mais aussi son enthousiasme et sa foi en l'avenir. Je n'avais pas encore les mots pour expliquer tout cela à Hafoussoi. Elle m'a quand même laissé tenir sa main.

Mon père m'emmenait en fin de semaine au village après m'avoir mis sur mon trente-et-un. Il arrivait en trombe, je posais mes fesses sur le siège brûlant et c'était parti. Chébli Msaïdie était fier. « Fier de son sang », c'étaient ses mots. J'ai commencé à regarder d'autres filles quand j'ai compris que la belle Hafoussoi ne partagerait jamais les sentiments qui étaient les miens, trop encline qu'elle était à faire siens les préjugés de sa famille. Les grands me racontaient leurs aventures, les râles de leurs conquêtes, leur parfum, leurs essences, ce qu'elles faisaient et ne faisaient pas. L'imagination était pour beaucoup à l'origine de ces récits, mais ils avaient pour effet de me rappeler, chaque fois, à quel point j'étais encore loin de tout cela. Au grand désespoir de Mdjaza Daho, mon assiduité à suivre les enseignements de l'école coranique fondait comme neige au soleil. Mes centres d'intérêt avaient évolué et ils s'étaient tournés vers la musique, le foot et les copains. Le président Ahmed Abdallah avait proclamé l'indépendance des Comores en 1975, non sans quelques grincements de dents à Paris, où le commissaire de la République s'en était retourné, laissant mon père sans emploi. Fort heureusement, le Dr Mouhtar Ahmed Sharif, un nouveau ministre, l'a engagé à son service. Quand il a appris que le fils aîné de son chauffeur se nommait Chauffeur, après avoir été lui-même appelé durant des années Petit Chauffeur, il a marqué son étonnement.

– Chauffeur ? Mais enfin, Chébli, ce n'est pas un prénom ! Vous n'auriez pas pu trouver autre chose ? Je ne sais pas, moi… Un prénom musulman, par exemple. Ce n'est pas ce qui manque…

Ma mère aurait voulu m'appeler Mohamed.

Mon père, lui, a trouvé que Chébli, Chébli Msaïdie, c'était mieux.

Alors, c'est le nom que je porte aujourd'hui. Cela n'était jamais formulé, mais tout dans l'éducation que j'ai reçue ne tendait que vers un seul et même but : me préparer à « prendre la suite ».

– 4 –

Mon père a commencé par se plaindre de maux de tête, de plus en plus violents et fréquents. Rien ne le soulageait. Il abordait la quarantaine et conduisait Chaher Ben Said Massounde, le ministre de l'Éducation nationale d'alors, avec qui il était devenu ami, et je ne sais comment il trouvait la force de prendre le volant le matin. Quand il rentrait, ses jambes ne pouvaient plus le porter. J'ai entendu parler de tumeur ; mon père fumait beaucoup, des Gauloises qu'il extirpait d'un paquet bleu. Il savourait la première de la journée avec une volupté particulière et s'amusait à faire des volutes qui s'élevaient dans la lumière. Ne me demande pas, Kemin, si c'est le tabac qui l'a emporté, je n'en sais rien. Seuls ma mère et le Dr Sharif connaissent la nature du mal qui l'a tué. Mais comme ils ne m'ont rien dit à ce sujet, je ne leur ai rien demandé. Qu'est-ce que ça peut bien faire, de toute façon, aujourd'hui ? Si le secret est si bien gardé, c'est qu'ils ont leurs raisons. C'est mieux ainsi. On dit des secrets révélés qu'ils sont « comme un serpent lâché dans la forêt » : le danger rôde et nul ne sait ce qui va advenir.

Sitôt de retour chez nous, mon père s'effondrait et, malgré la présence de six gamins, la maison devenait silencieuse. « Papa est malade, nous répétait Mdjaza Daho, il faut être très gentil et ne pas faire de bruit… »

Je l'aidais de mon mieux tandis que la maladie empirait. Mon père se recroquevillait, son corps autrefois musclé et tonique était d'une maigreur étonnante. Quand il était secoué par des tremblements dus à la fièvre, on entendait ses dents claquer. Ses yeux étaient jaunes, s'exprimer lui devenait de plus en plus difficile. Peu de médecins sont venus à son chevet et cela me rend encore triste quand il m'arrive d'y penser. Mdjaza Daho a décidé de faire appel à la puissance d'un marabout ; c'était l'un de ses cousins et, pensait-elle, son ultime recours. Quand il est arrivé, elle l'a accompagné en silence jusqu'à la chambre où mon père était allongé, presque rigide, les yeux obstinément fixés en direction du plafond et la mâchoire pendante. Le marabout a fait tendre un drap pour les séparer de l'assistance.

Une fois à l'abri des regards, il a invoqué les djinns ; je n'avais encore jamais assisté à une séance de vaudou comorien mais je savais ce qui était en train de se passer dans la pièce. Des phrases dont nous ignorions le sens et la portée s'échappaient de sa bouche en un flux continu. Son débit était rapide. Tantôt il psalmodiait, tantôt il éructait et on pouvait l'entendre souffler comme un taureau. Mon père a poussé un hurlement et j'ai vu sa silhouette se dresser, traverser la chambre sous l'emprise des esprits pour aller asséner un coup de poing magistral dans la porte de l'armoire métallique située face à son lit – qu'il a enfoncée. Puis il est revenu jusqu'à son lit pour s'y allonger de nouveau.

C'était le début du ramadan, une Peugeot 404 s'est immobilisée devant la maison. Ma mère et moi avons eu le plus grand mal quand il a fallu aider mon père à prendre place à son bord. Sur le siège arrière, cette fois. Maman s'est assise à côté du conducteur, et moi, à côté de papa. Un lit l'attendait à l'hôpital El Marouf de Moroni, l'hôpital de référence aux Comores. Dans les chambres qui sentaient la Javel, des jeunes comme des vieux ; la Camarde n'est pas regardante ; elle se sert, c'est tout. Mon père ne partageait la sienne avec personne. Je le revois alité, les bras décharnés le long du tricot de corps, ses yeux étaient enfoncés dans leurs orbites. Il parvenait encore à s'asseoir quand ses amis ont commencé de venir lui rendre visite ; parmi eux, il y avait des personnalités, et même des ministres : un vrai défilé. Mon père s'efforçait de donner le change ; il plaisantait, il racontait des blagues : il faisait du Chébli Msaïdie. Tout le monde s'appliquait à rire même si le cœur n'y était pas. Mdjaza Daho était assise sur le rebord du lit, un triste sourire au coin des lèvres. C'est elle qui parlait le moins. Ma mère était dans sa trentaine et on sait, à cet âge-là, que ce n'est jamais bon signe quand les amis et tous ceux qui vous ont accompagné sur cette Terre, parfois depuis l'enfance, viennent vous voir à l'hôpital et font comme si tout allait bien.

Le Dr Sharif était au chevet de son ami quand un oncle de mon père, dignitaire religieux, a passé sa tête dans l'entrebâillement de la porte. Il a invité ma mère à le rejoindre dans le couloir encombré de brancards. Un conciliabule s'y tenait avec les médecins : l'état de mon père s'était encore dégradé. Ceux qui prenaient part à la conversation avaient une expression sur le visage tantôt dubitative, tantôt résignée. Décision fut prise de le raccompagner à Ouellah et on me chargea alors d'une mission importante. J'étais l'aîné, à moi incombait la responsabilité de me rendre au village et d'alerter la famille.

Quand je suis arrivé, la rumeur selon laquelle Chébli Msaïdie allait rentrer chez lui m'avait précédé ; j'étais intrigué : jamais autant de monde ne s'était précipité vers moi à l'occasion de l'une ou l'autre de mes venues. On me pressait de toutes parts :

– Qu'est-ce qu'il a ton père ?

Comme j'étais bien incapable de répondre, je me contentais de répéter :

– Il arrive, il arrive…

Les conversations laissaient entendre qu'une mauvaise nouvelle était à redouter, et pourtant je ne concevais en rien l'imminence de la mort de mon père : c'était un futur que je ne pouvais appréhender. Je venais de le quitter sur son lit d'hôpital et, pour une raison mystérieuse, l'enfant que j'étais encore hier était accueilli comme un homme. Je me comportais comme tel. J'apaisais les uns, je réconfortais les autres. Je me sentais important. Je détenais un savoir et, donc, du pouvoir. Crois-moi, Kemin, je n'avais pas la moindre idée de ce qui m'attendait…

Mon père est revenu et ma mère l'a installé dans sa chambre. Je serai, de toute la fratrie, le premier autorisé à y pénétrer. Mdjaza

Daho a ouvert devant moi puis reculé d'un pas pour me laisser entrer dans la pièce. Tout était silence. Le corps de Chébli Msaïdie que la vie n'avait pas encore tout à fait abandonné était là, tragiquement, atrocement immobile, et j'avais le sentiment d'être spectateur, que quelqu'un d'autre vivait cet instant à ma place. J'ai été frappé par son cou décharné qui m'a fait penser à celui d'un oiseau. Je suis resté auprès de lui quelques instants, le temps de me recueillir et de prier avec les oncles présents dans la pièce. Puis Mdjaza Daho a fait entrer ses autres enfants l'un après l'autre, en commençant par les garçons, afin que chacun pût le toucher. Je garde en mémoire l'étrange froideur de son front sous mes doigts. Ses lèvres étaient déjà pincées. J'ai réalisé en cet instant précis combien je n'étais pas préparé à son absence. Pourtant, depuis que je suis né, et même si nul ne m'a dit un jour « C'est toi qui vas prendre sa place », tout a été fait pour qu'il en soit ainsi. Quand ma mère a réalisé que ma sœur Sadati n'était pas là, elle m'a envoyé à sa recherche. Sadati se trouvait dans un village situé à cinq kilomètres d'Ouellah, il était environ une heure du matin, quelqu'un a accepté de m'y accompagner en voiture.

Un peu plus tard, Mama Be a couru à notre rencontre quand elle a entendu le bruit d'un moteur ; elle pleurait, elle a serré Sadati dans ses bras tout en la pressant de rejoindre notre père qui vivait ses derniers instants. Quand nous avons tous été près de lui, réunis, brisés, ma sœur a posé la main sur sa poitrine. Et ce qui lui restait de vie l'a quitté.

Mdjaza Daho est restée durant quatre mois à la maison, cloîtrée dans son deuil. En tant qu'aîné, j'étais le seul à pouvoir sortir, il m'appartenait donc de la représenter ainsi que mon père défunt. En partant, Chébli Msaïdie m'avait laissé son nom et une couronne. Ainsi que pas mal de responsabilités. Son frère Ibrahim devait arriver de France d'un jour à l'autre ; sa venue était une promesse d'inédit et d'étonnement quotidiens – juste ce qu'il lui aurait fallu pour s'accrocher encore un peu. Comme ma mère, j'aurais aimé que Chébli pût le voir et l'embrasser, lui dire adieu. Ç'aura été le dernier espoir déçu de mon père. Il l'a attendu en vain.

Je suis allé accueillir mon tonton Ibrahim une semaine plus tard, à Hahaya, l'aéroport international. Un moment douloureux, difficile à gérer pour chacun : nous ne nous étions jamais rencontrés auparavant. Quelles que fussent les circonstances, j'étais heureux de découvrir cet oncle que je n'avais jamais vu qu'en photo ; on voyait, à l'intérieur d'un cadre posé sur le buffet du salon, les deux frères poser au milieu de jeunes gens que je pouvais identifier pour la plupart. L'oncle approchait de la quarantaine, sa calvitie était déjà bien avancée. Je le regardais du coin de l'œil, en quête de la plus infime ressemblance avec celui qui venait de nous quitter. Normalement, sur notre île, toute arrivée est matière à festivités et célébrations. Mais le village tout entier était en deuil ; on venait de perdre l'un des membres de la communauté parmi les plus éminents. Chaque mouvement de mon oncle Ibrahim était scruté, interprété, commenté et ses propos, disséqués. Un groupe d'entomologistes penché sur un spécimen rare. Il n'avait même pas la possibilité de rendre visite à Mdjaza Daho – la loi musulmane l'interdit : durant la période de deuil, toute personne susceptible d'épouser la veuve ne peut l'approcher. Je faisais donc le lien entre ma mère et mon oncle. Entre ma mère et l'administration. Mon père était dans la fonction publique, elle voulait faire valoir ses droits. Notre famille a été l'objet de beaucoup de marques de sympathie, et même parfois de sincère compassion. Chacun voulait me venir en aide face aux formalités que je devais affronter. Donner l'autorisation, en ma qualité d'aîné, d'inhumer mon père n'était pas la moindre d'entre elles.

Je n'ai pu accéder à la mosquée où s'est élevée la dernière prière à l'intention de Chébli

Msaïdie. Une foule compacte l'avait envahie ainsi que ses abords, et je ne suis pas parvenu à m'en approcher. C'est l'oncle de mon père, le dignitaire religieux d'Ouellah, qui a fini par me retrouver :

– Donne-moi l'autorisation d'enterrer ton père, m'a-t-il dit.

Cela avait l'air urgent, mais je ne savais pas exactement de quoi il parlait – on ne devrait jamais demander ce genre de chose à un enfant comme je l'étais.

J'ai soufflé « Oui », comme ça, en regardant le bout de mes chaussures. Sitôt dit, l'oncle Adjilani a passé sa main dans mes cheveux et s'est éloigné à grands pas.

J'étais subitement doté de superpouvoirs. Même si je n'apprendrais le sens de ce mot que plus tard, j'étais devenu « décisionnaire ». Et une courroie de transmission indispensable à toute la famille : sitôt avais-je adressé les condoléances des uns à ma mère qu'il me fallait retourner chez eux porteur de remerciements ; les autres me confiaient tel cadeau destiné à adoucir le chagrin de Mdjaza Daho, qui me chargeait illico d'aller leur exprimer sa gratitude. Et il fallait encore aller voir untel et untel. Chaque jour, dès les premières lueurs, j'enfilais les habits de mon père au propre et au figuré.

J'ai fait le tour de l'île, Kemin. Seul. En marchant, je sentais sa montre, dont le bracelet était trop grand pour moi, tourner autour de mon poignet. Mais bientôt, on me l'avait promis, j'allais pouvoir conduire son auto. L'un de ses cousins avait récupéré la Peugeot 404 et c'est lui qui a entrepris de m'initier à l'art de la conduite, domaine dans lequel Chébli Msaïdie était passé maître. Allais-je avoir ses dispositions ? Que valait vraiment « Petit Chauffeur » ? Il me tardait de le savoir. Mais le plus extraordinaire dans tout cela, c'est que j'avais « ma » voiture.

Je ne mettais plus que très occasionnellement les pieds à l'école coranique, ce qui faisait le désespoir de Mdjaza Daho : je préférais passer des heures à jouer au foot. Ses menaces qui ne m'avaient jamais beaucoup impressionné ne m'inquiétaient plus du tout. Et puis, papa était parti. Assez curieusement, je n'ai éprouvé de manque à aucun moment. Sans doute parce qu'il vivait en moi. Et aussi parce que j'ai été aimé, demandé, responsabilisé. Tant par la famille de mon père que par celle de ma mère. J'étais le successeur. J'avais pris la relève. J'étais le chef de famille. Après une enfance radieuse durant laquelle j'ai été chéri à chaque instant. Imagine, Kemin : dès que j'ai eu six ou sept ans, mon terrain de jeux n'a plus connu qu'une seule frontière : l'inquiétude de ma mère.

Je me rendais chez oncles, tantes et cousins, parfois à deux ou trois kilomètres de la maison, et on grillait des bananes. Elles avaient le goût du bonheur. Aucune autorisation à demander pour aller récupérer des cocos dans les champs des uns et des autres. Ananas juteux et sucrés. Bains de mer à la plage d'Ouellah où m'accompagnait ma grand-mère qui, je m'en souviens, tissait des cordes pour faire des lits. J'organisais dans les villages des séances de cinéma itinérant. J'avais des moutons, je m'occupais de quelques animaux et c'étaient là mes seules responsabilités. Pesait dorénavant sur moi le fardeau que même les épaules d'un homme auraient eu du mal à porter. Je ne m'en laissais conter par personne. Un jour, quand des amis de mon père m'ont interpellé dans la rue, me reprochant de ne pas les avoir consultés avant l'animation vidéo dans le quartier dont je m'occupais – « T'aurais dû nous demander avant ! » –, je n'ai pas hésité à les rembarrer :

– Je suis du quartier comme vous, alors j'ai les mêmes droits que vous…

Je les défiais. Je n'avais peur de rien. J'avais vu trop de films de cow-boys et d'Indiens.

C'est à cette époque que Mdjaza Daho, tombée enceinte quatre mois avant la disparition de papa, a donné naissance à notre petite sœur. Elle a accouché à la maison, ce n'était pas son choix. Elle était assise sur son lit, je suis arrivé, j'ai sauté. Les ressorts du matelas ont grincé sous mon poids, j'ai rebondi, Mdjaza Daho a sursauté, les contractions ont démarré. Elle avait mal, et, pour la première fois, elle m'a flanqué une fessée. J'étais vexé et en colère, je suis allé rejoindre mes copains pour taper dans le ballon avec eux. J'étais encore un enfant et ma charge était celle d'un homme. J'étais las.

La nuit tombait quand je suis rentré. En chemin, un homme m'a dit :

– Ta mère a accouché !

Quand son deuil a pris fin, Mdjaza Daho a enfin pu quitter la maison et ses premières visites ont été pour sa sœur, Mama Be, qui vivait dans la maison d'à côté. Sa douceur, sa gentillesse lui apportaient, au moins pour partie, le réconfort dont elle avait besoin. Mama Be, c'était pour chacun d'entre nous une mère, une tante et une grand-mère, protectrice et bienveillante. Au village, je n'ai jamais entendu dire qu'elle avait eu des mots avec quiconque. Les soirs d'orage, c'est chez elle qu'on allait chercher refuge et chacun pouvait rester des heures sans prononcer un mot. On était simplement bien.

– 5 –

Tandis que la vie de Mdjaza Daho reprenait doucement son cours, la mienne s'organisait autour des tournois de foot. Est arrivé le jour où se disputait la Coupe du village. C'est très important, le foot, Kemin, la Coupe du village, encore plus. Mama Be m'a demandé :

– Tu es allé voir le marabout ?

– Pourquoi le marabout ?

Elle était consternée par tant de niaiserie :

– Mais comment veux-tu gagner le match si tu ne vas pas voir le marabout ?

Je suis allé voir le marabout. Il s'est isolé avant de revenir porteur d'un petit bout de bois qu'il m'a tendu.

– Tu dois l'avoir sur toi du début à la fin du match, c'est très important. Tu m'as bien compris ? Du début à la fin du match…

Mes chaussures en nylon n'avaient pas de crampons mais, au moins, j'avais des chaussures, contrairement à la plupart des gamins des deux équipes qui jouaient pieds nus sur ce terrain caillouteux. J'avais des chaussettes, aussi. Alors, je pense que c'est dans ma chaussette que j'aurais dû glisser le grigri, pas dans ma chaussure. La partie a plutôt bien commencé, je ne sentais rien. À la mi-temps, c'était insoutenable. Je ne pouvais confier l'amulette à un autre joueur : j'étais le capitaine, celui qui porte le brassard de l'équipe, celui qui tire les penalties, celui qui détient le grigri. Pas question non plus de quitter le match ; c'est à moi que le marabout avait confié le talisman. « Jusqu'à la fin ! », avait-il insisté. Il y a un point très important que tu dois connaître, mon fils : quand tu « fais du grigri », ne va pas le crier sur les toits. Parce que le grigri, c'est l'assurance de la victoire. Et donc, c'est de la triche.

Je suis allé voir mon copain Treize Dos, qui n'aurait jamais disputé un match avec un autre numéro sur le dos, et je l'ai mis dans la confidence. Je voulais arrêter la partie. Treize Dos m'a regardé droit dans les yeux, en pointant vers moi son index. Puis, les dents serrées, il a maugréé :

– Tu restes ! Tu sors pas !

C'était un ordre, pas une supplication.

– Mais j'ai mal, moi ! Comment je fais ?

– Tu gardes le pied avec le grigri à l'intérieur du terrain et tu t'appuies sur l'autre, à l'extérieur, si tu veux ; mais faut que tu tiennes jusqu'à la fin…

J'ai poursuivi le match en jouant les jambes écartées. Cela me conférait une démarche un peu bizarre, semblable à celle des crabes qui cavalent sur le sable pour aller se réfugier sous les cocotiers. Dès que j'en avais l'occasion, je reportais mon poids sur le pied qui ne me faisait pas souffrir, veillant à maintenir la chaussure et le grigri au-dessus du terrain de jeu. La partie allait se terminer, quand, par mégarde, mon pied est sorti de la surface ; ç'a été le moment précis où les autres ont marqué. Treize Dos était hors de lui, il fulminait. Il m'en voulait à mort. Comme le reste de l'équipe, d'ailleurs. Il répétait :

– Jamais on n'aurait dû perdre ! Jamais !

Et tout le village a compris qu'on avait fait du grigri.

Mohamed Bacar avait treize ou quatorze ans quand il a commencé à jouer dans l'orchestre de mon père ; il était mon ami et il était aussi guitariste. Je lui ai tellement tourné autour, je lui ai posé tellement de questions, pendant des mois, qu'il a fini par m'inculquer quelques rudiments de guitare. Comment positionner mes doigts, faire les accords, tout ça. Mais la guitare, c'était celle de l'orchestre ACM et il ne pouvait donc l'emporter chez lui. Il avait peu de temps à me consacrer, et progresser dans ces conditions était difficile. D'autant que Mdjaza Daho a tout fait pour m'éloigner de lui. À cette époque, je séchais les cours, je n'en faisais qu'à ma tête. Je voulais jouer de la guitare. Mohamed a fini par en dénicher une et me l'a prêtée. Las, comme la flûte puis le tar, auxquels je m'étais essayé à l'école coranique, j'ai fini par abandonner la guitare. Je n'ai jamais appris à jouer d'un instrument parce que j'étais touche-à-tout. Alors je ne maîtrisais rien. Moi, ce dont j'avais le plus envie – abstraction faite de pouvoir jouer au foot toute la journée –, c'était de chanter. Je ne vais pas t'affirmer, Kemin, que je savais où était ma voie. Mais quelque chose d'infiniment puissant et subtil me guidait dans cette direction.

À la fin des années 1970 et au début des années 1980, il était de tradition de donner un bal à l'issue du taarab. L'orchestre ACM était très sollicité, et je traînais un soir aux abords d'un Grand Mariage quand j'ai repéré Bacar sur la scène. Je me suis approché de lui, il accordait son instrument.

– Mohamed, j'veux que tu me laisses chanter…

Il a pris une expression amusée pour me demander :

– Et tu veux chanter quoi ?

J'ai fredonné :

– Tadadinda tadadinda tadadinda, tan tan… « Georgette », la chanson de Sam Mangwana…

– T'es sûr ?

– Oui.

Il m'a tendu le bras.

– C'est bon, grimpe !

Il aurait pu me dire : « Chébli, on n'a pas répété ! » Il ne l'a pas fait. C'était un cadeau : ma première fois sur scène. Il avait grandi dans la rue ; lui et moi, on ne craignait personne. Je me suis approché du micro et, aux premières notes de guitare, je me suis mis à chanter. Sans la moindre appréhension. Ma voix était encore celle d'un enfant ; étonné, le public a marqué un temps puis tendu l'oreille – c'était inhabituel. Je revois l'expression de Titi, l'un de mes copains, plus âgé que moi, quand il m'a écouté accompagné par Mohamed : les yeux lui sortaient de la tête. D'abord, c'était une chanson que tout le monde ne pouvait pas chanter ; ensuite, je l'interprétais en lingala sur un air de rumba congolaise. Et il se demandait : « Mais où Chébli a appris ce truc-là ? »

Je me souviens de son regard : c'était celui d'un fan.

J'avais le sentiment d'avoir une longueur d'avance sur ma génération – pour la musique, en tout cas. Quand quelqu'un me disait

« Je n'aime pas », je ne prêtais pas attention à son propos. C'était un jaloux. Cette chanson m'a valu un petit succès, surtout auprès des filles. Elles ne m'ont plus regardé de la même façon.

Comme je comprenais les chansons écrites en français, elles venaient me demander de traduire certaines d'entre elles : Julio Iglesias n'était pas mon cousin. Si la langue française me permettait de faire le paon, elle me permettait aussi de chanter en m'offrant son répertoire. Je l'ai mis à profit en devenant chanteur de rue. Et lorsque passait une jolie fille, je lui dédiais une chanson d'Enrico Macias.

L'orchestre ACM avait essaimé. Ouellah est le seul village de la Grande Comores qui, encore aujourd'hui, peut s'enorgueillir de recenser quatre orchestres. Chacun représente un quartier. J'ai été admis automatiquement au sein de l'association que présidait mon père, ce qui a fait de moi, plus ou moins, un membre de la formation. En tout cas, c'est ce que j'aimais à croire. Durant les deux ans qui ont suivi sa mort, j'ai tout fait pour intégrer l'orchestre – sans y parvenir. Mdjaza Daho voyait cette affaire d'un mauvais œil. Comme si je ne passais pas déjà suffisamment de temps à jouer au foot avec des « bons à rien », il me fallait aussi traîner avec des musiciens. La mort de son époux avait assombri son caractère et elle était submergée de soucis, dont celui, pas anodin, de remplir chaque jour l'assiette de sept enfants. Du vivant de papa, nous avions toujours connu un relatif confort ; les choses étaient en train de s'inverser. Chébli Msaïdie, qui pourvoyait aux besoins des siens mieux que personne, était devenu une référence aux yeux de cette femme qui l'avait tant houspillé.Pas un jour ne s'écoulait sans qu'elle nous rappelât :

– Ah ! Ton père, il aurait pas fait comme ça…

L'absent était partout. Sa mémoire et ses hauts faits, évoqués à la moindre occasion. Des oncles et des notables ont tenté de lui trouver un mari. Elle en a usé deux ou trois. Je me mets à la place de ces pauvres bougres, épiés, jaugés, comparés sitôt l'œil ouvert. Contraints d'écouter les louanges du défunt dès potron-minet face à une Mdjaza Daho devenue irascible. Qui n'aurait trouvé son salut dans la fuite ?

À l'instar de tous les jeunes mâles des Comores, j'ai été programmé pour prendre la place de mon père. Le mien voulait me faire suivre le chemin des Blancs. C'est le Dr Mouhtar qui m'a appris la vérité : ma mère et mon oncle Ibrahim avaient pris la décision de m'expédier en France. Ni l'un ni l'autre ne m'en avaient touché mot : je partais le lendemain. J'ignorais si je devais me réjouir ou non de cette nouvelle et je n'ai pas vraiment eu le temps d'y réfléchir : je me suis retrouvé avec un passeport dans la poche et une foule de formalités à accomplir à Moroni. En rentrant, j'ai demandé à Mdjaza Daho :

– Alors, c'est vrai, je pars demain ?

Je ne peux dire quelle a été sa réaction parce que, sitôt ma question posée, j'ai cessé de la regarder. Et elle n'a pas jugé bon de me répondre. Un peu plus tard, je lui ai raconté des carabistouilles ; l'argent prétendument destiné à acheter des timbres administratifs, j'allais le mettre de côté pour m'acheter des vêtements. Je ne voulais pas que l'on me voie en France avec mes vieux habits.

Dans la soirée, je suis allé faire le tour du village, je voulais dire au revoir aux copains et à la famille. Je lisais de l'envie dans tous les regards. Les projecteurs étaient braqués sur moi. Partir en France, c'était s'envoler pour Hollywood.

En secret, Mdjaza Daho et Mama Be avaient entrepris la tournée des marabouts : rien ne devait m'arriver durant ce voyage. Elles ont eu recours à tous les moyens mis à leur disposition, qu'ils fussent religieux ou magiques, pour s'assurer de ma protection. Je m'envolais vers Nice ; autant dire pour l'autre bout du monde.

– Tonton Ibrahim sera à l'aéroport pour t'accueillir. Ensuite, vous irez à Marseille en voiture, m'a assuré Mdjaza Daho.

Même si elle l'avait organisé, ce départ lui semblait trop soudain. Moi, je n'étais pas inquiet. Si, pour une raison ou pour une autre, mon oncle n'était pas dans le hall d'arrivée, il y aurait bien quelqu'un pour me dire où trouver Ibrahim Msaïdie ; c'est ce qu'on fait à Ouellah : on aide celui qui cherche son chemin. Et, si nécessaire, on l'accompagne jusqu'à la porte de ceux qui l'attendent.

Mdjaza Daho m'a lesté de quelques sacs de bananes et de manioc, destinés au tonton et à sa famille. Je suis allé me coucher après avoir dit au revoir à mes tantes et mes oncles. Mama Be m'a serré dans ses bras sans rien dire. J'étais l'aîné. Qui d'autre que moi pouvait boucler sa valise pour aller chercher fortune en France ?

Ouellah, c'était la montagne au bord de la mer. Le village aux quatre orchestres, dont celui fondé par mon père. Le seul à avoir ouvert un night-club ; les boîtes de nuit, il n'y en avait que dans les villes, alors ça nous rendait fiers d'être de « Ouellance, la capitale de l'Ambiance ». Cet établissement, qui m'était interdit, avait façonné l'identité de l'endroit, et donc de ceux qui y vivaient. Ouellah, j'y ai fait mes premiers pas. J'y ai coupé des arbres. J'y ai construit des cabanes. J'y ai couru le maquis des journées entières. Petit, j'avais peur des abeilles et des serpents. Mais ce soir-là, je n'avais plus peur de rien. Et crois-moi, Kemin, je me suis endormi sans ressentir de pincement au cœur. Quitter Ouellah n'a pas été un déchirement. J'allais enfin découvrir ce monde dont Chébli Msaïdie m'avait tant parlé…

– 6 –

Le président Ahmed Abdallah, installé au pouvoir par Bob Denard et ses mercenaires, était à bord du Boeing 747 d'Air France où j'avais pris place. Il voyageait en première. Alors que l'avion roulait pour aller se positionner en vue du décollage, je me demandais par quel miracle un engin pareil pouvait s'élever dans les airs. J'étais à l'arrière. Le mastodonte s'est immobilisé et s'est mis à vibrer de partout, comme s'il s'ébrouait. Soudain, j'ai senti l'accélération dans mon dos ; des porte-bagages, bourrés à craquer de marchandises achetées au marché, se sont ouverts au-dessus de nos têtes tandis que l'appareil s'élançait, parcourant des kilomètres de piste. J'étais persuadé que jamais pareille masse ne parviendrait à se soulever, que c'était impossible, qu'on allait tous y rester, quand, subitement, le Jumbo s'est arraché du sol. La dame assise à mon côté n'avait jamais pris l'avion, elle aussi se rendait en France pour la première fois. Il y a eu un bruit sourd quelque part sous nos pieds – le train d'atterrissage venait d'être rentré –, et on s'est regardés, pas rassurés. Je n'ai pas entendu ce qu'elle m'a dit car, pour une raison qui m'échappait, j'avais les oreilles bouchées et du mal à déglutir. L'avion a percé quelques nuages, cela secouait un peu, puis il s'est mis à glisser dans l'azur. Une hôtesse est passée avec des bonbons. Elle avait le même joli sourire quand elle est revenue un peu plus tard avec un plateau-repas. Elle m'a aidé à ouvrir ma tablette pour l'y déposer ; les assiettes, les couverts étaient à peine plus grands que ceux d'une dînette pour enfants. Au milieu, il y avait une plaquette de beurre minuscule, avec « Président » écrit dessus. J'ai pensé : « L'hôtesse s'est trompée de menu, elle m'a servi celui du Président. »

Alors, je n'ai touché à rien. Je ne voulais pas manger son plat.

Une dame qui passait dans la travée m'a demandé :

– Vous ne mangez pas, jeune homme ?

– Non, ce n'est pas pour moi. C'est le plateau du Président.

Je crois que j'ai dormi. À un moment, il a fallu attacher sa ceinture, la descente commençait. De nouveau, mes oreilles et ma gorge m'ont joué des tours et j'étais à moitié sourd quand le Boeing s'est immobilisé sur l'aéroport de Nice-Côte d'Azur. Quelqu'un m'a dit « Ça va passer », cela ne m'éclairait pas beaucoup. Les formalités se sont déroulées sans difficultés, j'ai récupéré mes bagages, les sacs de bananes et de manioc ; aucun douanier ne s'est intéressé à eux. Je cherchais le visage de mon oncle Ibrahim parmi ceux qui étaient venus attendre un proche en provenance du pays. Tous étaient fébriles et joyeux. Et puis, je l'ai enfin aperçu. Il m'attendait avec son ami Mohamed Moumine. L'oncle et moi ne nous étions pas vus depuis la mort de mon père, soit un peu plus de deux ans plus tôt ; Moumine, lui, je l'avais encore croisé à Ouellah le mois précédent. Même si je n'avais peur de rien, leur présence dans le vaste hall de l'aéroport m'a rassuré. On s'est embrassés, on s'est étreints ; il me tapait dans le dos à n'en plus finir.

– Ça va, garçon ? m'a demandé Moumine en me serrant la main.

Ils m'ont soulagé du poids de mes bagages malgré mes protestations, nous avons traversé un parking et je suis arrivé devant une voiture qui ressemblait à une poire. C'était une Renault 14, je n'avais encore jamais vu automobile aussi étrange. Ils ont mis tout mon barda dans son coffre et je suis monté à l'arrière.

– En route pour Marseille ! s'est exclamé mon oncle.

J'étais étonné de le voir conduire ; parce qu'au village il n'avait jamais eu à prendre le volant : quelqu'un s'était toujours proposé de l'accompagner là où il voulait se rendre. La route n'en finissait pas. Qu'elle était grande, la France ! Mon village et mon île me semblaient grands ; ils étaient, pour ce qui concerne « le grand », mes références absolues. Là, vraiment, j'étais bluffé. Je n'avais jamais imaginé autant d'autoroutes qui s'entrelaçaient, de voitures qui filaient dans la nuit. Et toutes ces torchères qui crachaient du feu ! On approchait de Marseille. C'était juillet, l'air était doux. La paume de ma main à l'extérieur de la voiture, j'en variais l'inclinaison face au vent afin de m'initier aux mystères de la portance. La mer, aperçue le long de la piste en me posant à Nice, était toujours là, alors que l'on venait de rouler plus de deux heures. Son univers m'était familier, sa présence m'apaisait. Toutefois, l'architecture des immeubles construits par les Blancs me laissait songeur. J'ai farfouillé dans mon sac, réalisant que je n'avais pas ouvert de tout le voyage le livre de Ferdinand Oyono emprunté à la bibliothèque ; il était là, calé tout au fond ; je me fis la promesse de le rendre à mon retour. Je ne l'ai jamais lu.

Je commençais à somnoler quand la voiture s'est immobilisée. L'oncle Ibrahim a sorti quelques pièces de sa poche qu'il a balancées par la vitre baissée. Puis il a repris sa route comme si de rien n'était. Cet argent, il n'y avait personne pour le récupérer. J'ai pensé : « On est tellement riche dans ce pays qu'on jette vraiment l'argent par les fenêtres ! » Faisant montre d'une saine curiosité, je me suis renseigné sur cette pratique. Mohamed Moumine en est convenu : lui aussi, ça l'avait étonné la première fois. Mohamed Moumine allait devenir mon mentor.

La France, c'est lui qui me l'a expliquée…

– Tu vois, tonton Ibrahim, il a une voiture, a soudain lâché Mohamed tandis que la circulation se faisait plus dense. C'est pas tout le monde qui en a une, tu sais ! Cela signifie que ton oncle, il a réussi en France.

Il ne s'était pas retourné pour me parler, un peu comme s'il avait fait part à voix haute de ses réflexions du moment. Dans la voix de Mohamed, il y avait respect et admiration. Nous sommes arrivés à Sainte-Marguerite, dans le IXe arrondissement, c'était un joli quartier. On a grimpé jusqu'à l'appartement par l'escalier et c'est une cousine, avec qui il m'était arrivé de flirter sur le chemin de l'école, qui a ouvert la porte. Un tout petit au pas encore hésitant, prénommé Ezdine, s'est immobilisé pour me dévisager, la bouche grande ouverte. Ma tante Riama, dont c'était le premier enfant, l'a écarté du chemin pour venir jusqu'à moi, elle s'essuyait les mains. À l'odeur qui flottait dans l'appartement, elle devait être en cuisine depuis des heures. Une autre cousine était là pour m'accueillir, les bras ouverts. C'était la même chaleur qu'à Ouellah. Pendant qu'on mangeait, on a parlé du village. De Mdjaza Daho. De la famille. Celle de mon père et celle de ma mère. Personne n'a fermé les yeux avant l'aube.

Le jour venait de se lever, Ibrahim était dans le salon en train de se préparer pour partir travailler. Il était employé chez IBM, à Vitrolles. Ma tante avait déjà pris son service d'aide-soignante à l'hôpital Sainte-Marguerite, mes cousines vérifiaient le contenu de leur cartable. Ezdine, comme chaque jour de la semaine, allait être déposé à la crèche. Quand on n'a plus été que tous les deux dans l'appartement, Mohamed et moi, il a entrepris de me livrer devant son bol de café ce qu'il connaissait de la France, ce qu'il en avait compris. Mon père lui avait transmis le virus de la modernité ; c'est donc dans ce pays qu'il avait choisi de faire sa vie, et non à Madagascar, qui attirait alors la plupart des migrants.

– Je ne voulais pas non plus m'installer à Mayotte pour devenir français, ça ne m'intéressait pas ! Crois-moi, les perspectives d'avenir, elles sont là, dans ce pays ! m'a affirmé Mohamed, péremptoire, en tapotant plusieurs fois sur la table du bout de son index.

Quand il rentrait dans l'après-midi, on partait se balader. Dans le quartier seulement, Mohamed ne s'éloignait jamais beaucoup : il avait peur de se perdre. Au pays, il avait une 4 L. Mais ici, pas question de conduire. C'est durant les week-ends que nous partions en virée, quand l'oncle embarquait toute la famille à destination des calanques. On prenait place à bord de la poire en fin de matinée, et on n'était jamais rentrés avant dix heures du soir. Des gens nous rendaient visite à longueur de temps ; par voie de conséquence, il ne se passait pas un dimanche sans que nous soyons invités chez les uns ou chez les autres. Il y avait trente mille Comoriens à Marseille dans les années 1980, la communauté était solidaire.

Au fil des conversations, j'ai compris que mon père avait financé la scolarité de l'oncle

Ibrahim. Non seulement il avait pourvu à l'éducation de son cadet, mais il lui avait offert un sésame pour l'avenir : un bac avec mention. Chébli Msaïdie avait toujours été « derrière lui » ; le résultat était là, remarquable, surtout pour l'époque. Son objectif était de faire suivre à chacun des siens la voie des Blancs. En toute logique, il avait commencé par l'ouvrir à son petit frère. Toujours dans le même esprit, il a fait en sorte que ma tante possédât aux Comores la première maison peinte de blanc, avec terrasse et balcon ; il s'était inspiré de son logement de fonction pour en dresser les plans et avait utilisé du ciment pour sa construction – comme les Blancs. La maison existe toujours. Tout cela mis bout à bout, j'ai compris que l'oncle avait envers le défunt une obligation morale. En fait, pour tonton Ibrahim, il ne s'agissait pas d'une dette mais plutôt d'un juste retour des choses dont il se devait d'être le garant. De toute façon, s'il avait agi différemment, quelqu'un, membre de la famille ou ami, lui aurait rappelé : « Tu as reçu un beau cadeau. Maintenant, il faut renvoyer l'ascenseur… »

Mon oncle a reconnu chacun des enfants de son frère. Selon la loi comorienne, en perdant notre père, nous étions devenus orphelins – il y était donc habilité.

Puis, par une ordonnance rendue à Marseille et à Moroni, l'oncle Ibrahim a été nommé tuteur légal. Aucune décision nous concernant ne pouvait être prise sans son accord et celui de Mdjaza Daho. C'est ensemble et en secret qu'ils avaient pris celle de m'envoyer à Marseille. Mdjaza Daho ne sachant ni lire ni écrire, c'est l'oncle qui a rempli tous les papiers. Ils étaient de mèche. Et j'ai fait le facteur en ignorant quelle était la nature des documents que je demandais de signer aux quatre coins du village.

J'étais bien dans cette famille. Même si ma mère et notre petite tribu me manquaient. J'avais quatorze ou quinze ans, je devenais un ado. Je pouvais bien parcourir la Canebière, je me sentais africain. Je m'efforçai donc, chaque jour, d'interpréter un à un les codes de l'Occident mystérieux. Pas facile ! J'étais un villageois, il me fallait tout apprendre. La mission en terre étrangère dont j'étais chargé comportait deux volets : réussir ma vie et venir en aide à ceux qui étaient restés au pays. Je savais ce que la famille attendait de moi : il m'appartenait de la sortir des difficultés. J'avais pris la place de mon père, c'était à moi qu'incombait désormais cette responsabilité. Impossible de me dérober. Échouer m'était interdit.

Mon oncle Ibrahim me dispensait chaque jour sa bienveillance. Il prodiguait le même amour à tout enfant, qu'il fût ou non de son sang. Telle était la nature de cet homme ; son attitude envers moi n'était pas liée au fait que j'étais le fils de celui qui lui avait permis d'obtenir son bac. J'avais l'absolue certitude qu'il ne me laisserait jamais tomber. Ma tante Halima n'ignorait rien des circonstances qui avaient conduit son mari à m'accueillir. Avec douceur et bonté, elle a su prendre en considération cette obligation morale à laquelle il n'était jamais fait référence. Je ne l'ai pas une fois entendue s'en plaindre. Il n'y avait chez nous aucune place pour le doute ou la jalousie.

À Marseille, il m'est apparu que la langue française n'était finalement pas mon point fort. À Ouellah, je pouvais donner le change ; au collège Louis-Pasteur, c'était plus difficile. Je ne parlais couramment que l'arabe, les profs avaient parfois des difficultés à me comprendre. L'anglais n'était pas non plus la matière dans laquelle je révélais le plus de dispositions. Mes notes ne s'élevaient jamais au-dessus de cinq. En revanche, en maths, j'étais bon. Une moyenne de seize faisait régulièrement la joie de tonton.

Nous avons quitté le quartier Sainte-Marguerite, où l'appartement était devenu trop exigu, pour celui de Bonneveine, dans le VIIIe arrondissement, pas loin du parc Borély. J'ai été inscrit au lycée Ampère, un établissement professionnel. Là, j'ai passé un BEP électricité. Quand on m'a dit « C'est électricité ou électronique », j'ai choisi « électronique ». Mais, renseignement pris, il n'y avait plus de place. Je m'étais dit que « ce serait bien de faire comme tonton ». Il avait obtenu un bon emploi chez IBM avec un DUT électro. Mon rêve, toutefois, c'était la chimie. Je pense que la blouse blanche qu'il portait au travail n'était pas étrangère à cette fascination. Ma tante en portait une également, elle lui donnait l'air sérieux. Et puis, j'avais vu que dans tous les labos on portait une blouse blanche. Hélas, je n'avais pas le niveau pour matérialiser mon rêve d'éprouvettes et j'ai été mal orienté. On ne m'a pas écouté : je ne savais pas suffisamment m'exprimer en français pour affirmer mes choix avec précision. Toutefois, compte tenu de la charge qui était mienne, j'étais bien décidé à ne pas me laisser aller au découragement. J'allais obtenir mon BEP et mon CAP électricité coûte que coûte.

Mes diplômes en poche, je suis parti à Aix-en-Provence. Pourquoi Aix ? Parce que je pouvais y étudier les automatismes programmables. L'oncle Ibrahim me parlait tout le temps de robots, de machines programmées, d'ordinateurs. Selon lui, c'est ainsi que se profilait l'avenir : les robots allaient être de plus en plus nombreux, ils nous deviendraient indispensables et finiraient par asservir l'homme. Tonton passait son temps libre à dévorer, de la première à la dernière page, des revues dédiées aux circuits électroniques. Comme chaque enfant, je me suis nourri de ce que l'on m'a donné à la maison : la musique avec mon père, l'électronique avec mon oncle. Aix, c'était pour moi l'occasion de partir de la maison. De quitter le nid et d'y revenir pour le temps des week-ends et des vacances. Le moyen de m'éloigner sans m'éloigner. J'avais envie de fréquenter les Blancs, de découvrir leur culture, de la partager avec eux. Je savais qu'à l'internat je fréquenterais de jeunes Français de mon âge, je voulais vivre comme eux, mener une vie à l'occidentale. À Marseille, j'avais quelques copains européens avec qui je jouais au foot, mais le plus clair de mon temps, je le passais dans un environnement comorien. Même si je ne parvenais pas encore à bien m'exprimer, je voulais aller à leur rencontre, recevoir l'éducation qu'ils recevaient. Quand j'ai fait part de mon intention à mon oncle et ma tante, ils l'ont bien acceptée. Cela n'a pas été facile pour eux ; je les aidais à la maison, surtout pour la garde des enfants. Mon oncle Ibrahim m'a dit :

– C'est ton choix ? Alors, y a pas de problème…

– 7 –

L'internat, le car, l'argent de poche, tout cela avait un coût malgré la bourse dont j'ai bénéficié ; mon oncle et ma tante y subvenaient sans ciller. Je n'envoyais pas encore d'argent à ma mère. Ça aussi, l'oncle Ibrahim s'en occupait. Les quelques francs que je recevais chaque semaine étaient utilisés à satisfaire ma curiosité : je voulais acquérir au plus vite la connaissance d'un monde qui n'était pas le mien. À Aix, où je fréquentais le lycée Vauvenargues, j'ai obtenu en trois ans mon bac pro automatismes programmables – en trois ans, parce que la première fois j'ai été recalé. Je ne comprends et ne retiens que ce que j'aime, c'est pourquoi ma scolarité a été à la fois facile et compliquée. La moyenne, je ne l'atteignais jamais : les rédactions la plombaient immanquablement. Ce que j'ai ingurgité dans cet établissement ne me passionnait pas. Toutefois, j'avais un objectif : travailler comme mon tonton et lui ressembler le plus possible.

Je consacrais l'essentiel de mon temps libre à cultiver mes goûts musicaux, et Michael Jackson, ç'a été comme si je venais d'être heurté par une planète. J'avais entendu parler de lui – ma tante collectionnait ses hits –, de son accident lors du tournage d'un spot publicitaire pour Pepsi en 1984, de ses brûlures et de sa volonté d'être un Noir à peau blanche. Quand je l'ai vu pour la première fois à la télé, il faisait un pas de danse incroyable sur « Billie Jean » : le Moonwalk ! Il faut que tu voies ça, Kemin : Michael reculait sur scène en glissant, buste penché vers l'avant, comme si, face à lui, un vent violent l'empêchait de progresser. Une révélation ! À dater de ce jour, je suis devenu un passionné de *black music* américaine. Chébli Msaïdie ne m'en avait rien livré ; la Motown, par exemple : il a fait l'impasse sur le label légendaire de Detroit et j'ignore pourquoi. Après Michael Jackson, je n'ai plus eu d'oreilles que pour Diana Ross, Tina Turner, Shalamar ou Kool and the Gang. Mes préférences allaient au funk, qui trouve ses racines dans la soul, le rhythm and blues, le jazz, le rock. J'étais le seul à écouter ça au bahut. Mes copains, qui venaient de Menton ou de ses environs, étaient exclusivement rock, voire hard-rock. Ceux des quartiers de la Belle de Mai à Marseille, du Panier, de la Canebière, de Noailles ou même du centre-ville n'étaient pas funk pour un rond, et la world music, ça ne leur parlait pas. Bob Marley, pas davantage, alors que je me gavais de reggae depuis des mois. C'est cette musique que je transportais dans mes bagages quand je regagnais l'internat. Elle me donnait l'envie de danser.

Entre le milieu des années 1980 et la fin des années 1990, la France tout entière s'est dotée d'un appareil permettant d'enregistrer les émissions diffusées à la télé : le magnétoscope. C'était le nec plus ultra du confort domestique. J'ignore si tante Riama a économisé ou contracté un crédit, toujours est-il que l'un de ces magnétoscopes a été livré à la maison, et ç'a été un événement pour chacun d'entre nous. Deux standards se disputaient alors les faveurs des consommateurs avides de progrès technologiques ; ma tante a préféré le VHS au système Betacam. Elle voulait conserver ses films préférés sur des bandes et les alignait soigneusement, dans leur boîte étiquetée, sur une étagère bien en vue.

Moi, ce sont les émissions de variétés qui m'intéressaient. J'achetais des cassettes de dimensions beaucoup plus réduites pour mon Walkman, une autre petite révolution, puisqu'elle permettait d'emporter sa musique partout avec soi. Le son était pourri compte tenu du souffle que rien ne parvenait à éliminer tout à fait, pas même la touche Dolby. Et puis, quand je posais mon Walkman à côté de la télévision ou de la radio pour enregistrer une chanson, le résultat ne pouvait pas être bon. Je savais m'en contenter : j'avais conscience d'être un privilégié.

*
* *

En 1990, l'année où j'ai échoué au bac, mon oncle m'a demandé de trouver du boulot pendant les vacances. J'avais un CAP d'électricien, le niveau bac électrotechnique, je n'ai pas tardé à travailler dans une société qui réparait des climatiseurs. J'étais en charge du câblage. Comme il venait d'obtenir un gros contrat en Algérie, mon patron m'a proposé de m'y envoyer en mission. Mettre le pied sur le continent africain ! Je n'ai pas hésité une seconde.

– Je pars quand ? lui ai-je demandé sans même m'enquérir des conditions.

C'était le début du mois d'août et, dès lors que toutes les formalités ont été réglées au consulat, il n'a plus été question que de cela à la télé : Saddam Hussein venait de lancer les troupes irakiennes à l'assaut du Koweït. Pas de doute, tous les pays du Maghreb allaient soutenir Saddam, on allait assister à un embrasement généralisé. La mission a été annulée et je me suis retrouvé au chômage technique. J'avais trois mois de salaire en poche quand j'ai quitté la boîte, et je pouvais compter sur 2 000 à 3 000 francs d'indemnités mensuelles. Je ne me suis pas inquiété, c'était facile de bosser à cette époque…

Le Virgin Megastore de Marseille se situait rue Saint-Ferréol, dans le VIe arrondissement. L'été s'attardait, j'avais du temps ; bientôt, il ne s'est pas écoulé un jour sans que j'aille y traîner. J'étais perpétuellement en quête – comme mon père autrefois – de merveilles inédites. Il m'arrivait de discuter avec le chef du rayon « musiques du monde », Hervé Fouéré, qui, à plusieurs reprises, s'était étonné de la diversité de mes connaissances. Je ne ressemblais à aucun de ses clients, il me trouvait « pointu ». Musique africaine, orientale ou noire américaine, j'étais incollable. Quelque chose lui échappait.

– T'es jeune et tu viens toujours me demander des trucs introuvables. Comment tu connais tout ça ? m'a-t-il un jour questionné.

Je lui ai raconté mon histoire – sans autant entrer dans les détails que je le fais avec toi, Kemin –, et celle de ton grand-père. Je lui ai parlé de l'orchestre AMC et de ce qu'il représentait pour nous, au village. Un jour, Hervé m'a confié « se sentir un peu seul » dans ce concert des nations musicales où le Brésil occupait deux meubles à lui seul, tandis que le reste du monde s'étirait sur trois cents mètres.

– Tu comprends, je ne sais plus comment faire…

– Pourquoi tu ne m'embauches pas ?

C'est sorti tout seul.

– Ah bon, t'es sûr ? m'a demandé Hervé, vaguement étonné.

– Oui, je suis sûr !

– Bon. Je vais monter voir la DRH, alors…

J'ai suivi Hervé Fouéré dans un escalier mal éclairé. La DRH nous a reçus.

– Hervé, tu n'y penses pas ! On est en plein plan social… Comment tu veux qu'on embauche quelqu'un alors qu'on est en train de licencier ?

L'affaire semblait mal enclenchée.

– Je veux ce garçon ! a insisté Hervé. Il va beaucoup apporter au rayon, il faut se débrouiller pour l'engager…

La directrice des ressources humaines a réfléchi quelques instants ; son visage s'est éclairé et j'ai su qu'elle avait trouvé une solution.

– J'ai une idée qui pourrait arranger tout le monde : on lui propose un stage d'initiation à la vie professionnelle. C'est pour les jeunes qui n'ont jamais travaillé…

Elle m'a demandé de lui rappeler mon prénom et si j'avais déjà eu un emploi. Je lui ai expliqué ma situation, que j'étais inscrit au chômage et que j'acceptais de ne pas être payé.

– Tu devrais pouvoir disposer de la moitié de tes indemnités pendant le stage, a-t-elle précisé.

– Ça me va !

– Renseigne-toi. Et si c'est bon, on se voit lundi.

Elle m'a serré la main. Hervé m'a raccompagné.

– À lundi, je compte sur toi !

Ma tante Halima fulminait. Je l'écoutais, embarrassé, vociférer dans son salon :

– Non mais ce n'est pas possible ! Tu renonces, mon garçon ! Tu ne te rends pas compte que tu es en train de passer à côté d'un vrai métier ? Tout ça pour quoi ? Pour écouter de la musique toute la journée dans un magasin !

La nouvelle que je venais d'annoncer avait du mal à passer – je crois d'ailleurs que tante Riama ne l'a jamais digérée. Mains sur les hanches, prenant parfois le ciel et mon oncle pour témoins, elle m'exhortait à renoncer – j'étais sur une mauvaise pente. Oncle Ibrahim se montrait plus compréhensif quand je tentais de justifier mon choix. Outre le fait que ma motivation était réelle – ce stage m'offrait l'opportunité d'aller plus avant dans mes connaissances musicales : que pouvais-je espérer de mieux ? –, je leur ai fait valoir que mes compétences avaient trouvé preneur : elles avaient été décelées par des professionnels. C'était un signe ! J'avais vingt ans. Je savais où était ma voie et ce que me soufflait mon instinct. Pourquoi tergiverser ? Je ne pouvais faire valoir qu'en outre des filles fantastiques défilaient toute la journée au Virgin ; c'est donc un point que je n'ai pas abordé, même si, je l'avoue, il a quelque peu pesé sur mon choix. Kemin, tu comprendras que, pour toutes ces raisons, il m'importait peu de voir mes allocations chômage réduites de moitié pendant six mois…

Au Virgin, je me suis senti comme un poisson dans l'eau et j'ai bientôt été nommé vendeur. Un jour, la radio qui diffusait en permanence un fond sonore dans le magasin a passé un morceau que je n'avais jamais entendu auparavant. Le solo de trompette était inspiré, céleste : sublime, en un mot. Qui était le type capable de jouer ainsi ? Je suis allé voir le vendeur du rayon « jazz ».

– Dis-moi, c'est quoi ça, ce qui passe en ce moment ?

– C'est Miles, m'a fait le gars.

Puis il a compris que sa réponse ne m'éclairait guère.

– Miles Davis ! Le « Grand Miles » ! Tu ne connais pas ? Et le morceau, il est extrait de la BO d'*Ascenseur pour l'échafaud*, un film de Louis Malle. 1958.

Comment avais-je pu passer à côté de tant de maîtrise, voire de génie ? J'étais stupéfait. J'ai appris plus tard que Miles Davis avait improvisé devant un écran au fur et à mesure que les images défilaient. Dès qu'il est venu se produire à Marseille, je me suis précipité au parc Borély pour assister à son concert. Pendant deux heures, j'ai écouté jouer un extraterrestre. Les sons qu'il parvenait à tirer de sa trompette venaient d'ailleurs. Un jour son père lui avait dit : « Miles, tu entends cet oiseau derrière la fenêtre ? C'est un oiseau moqueur. Il n'a pas un son à lui. Il copie celui de tous les autres oiseaux. Ce n'est pas ce que tu veux faire, n'est-ce pas, Miles ? Toi, ce que tu veux, c'est être Miles Davis ! »

Miles a effectué ses premières armes avec Charlie Parker et Dizzy Gillespie ; le talent à son paroxysme, le travail et l'héroïne qui l'a consumé ont fait le reste.

Les vendeurs pouvaient emprunter jusqu'à dix disques par semaine : je suis devenu boulimique de jazz. Je l'ai goûté et je l'ai compris grâce à Archie Shepp, John McLaughlin, ou d'autres encore, comme Stan Getz et John Coltrane. Dans la mesure où j'avais accès à tous les bacs, le reggae ne s'est bientôt plus limité pour moi à Marley, et le zouk, à Kassav'. En même temps que j'allais de découverte en découverte, j'affinais mes acquis en matière de musiques cubaine, africaine et maghrébine. Je connaissais les sonorités de l'Égypte jusqu'au Liban, la musique de l'Afrique de l'Ouest, celle des Mandingue qui accompagne les griots, mais j'avais encore des lacunes du côté du Maghreb. Le raï, par exemple, je ne connaissais pas. Le chaabi, la musique kabyle, je ne connaissais pas non plus. L'apport du Virgin était incommensurable. Je me suis fait éponge.

Ce qui est bon, lorsque l'on vit ses plus belles années, c'est d'en avoir conscience. Chaque jour était jubilation et apportait son lot de nourriture pour les oreilles et l'esprit. J'avais une envie, un appétit, une curiosité que rien ne pouvait émousser. C'est l'un des privilèges de la jeunesse. Vois-tu, Kemin, moi qui ne suis pas encore vieux mais plus tout à fait jeune, c'est ce que je ressens encore aujourd'hui : je peux t'affirmer que mon désir est intact. Il m'a ouvert toutes les portes auxquelles j'ai frappé. Le dimanche, j'animais une émission world sur Radio Gazelle – 98 FM à Marseille. Et quand je quittais mon casque audio, c'était pour aller enfiler celui de DJ au *Taxi Brousse*, une boîte de nuit antillaise. Il m'arrivait aussi d'écrire des chroniques pour un magazine local…

Aujourd'hui, je transporte ma musique dans le disque dur de mon ordinateur ; autrefois, c'étaient des dizaines de CD qui brinquebalaient dans mon sac. Je me suis mis à écouter la musique différemment et je suis devenu plus exigeant sur la qualité du son. Musique en provenance des pays de l'Est ou d'Israël, chaque coffret contient un voyage et j'ai fait plusieurs fois le tour du monde. Mon quotidien était d'autant plus agréable que j'avais affaire à des passionnés. Leur apport était comparable à ce que je pouvais leur prodiguer. Et quand je parvenais à dégoter la rareté qui m'avait été demandée, j'avais l'impression d'offrir un diamant à quelqu'un. Je me souviens d'un Suisse, de passage à Marseille pour affaires ; il cherchait désespérément la version vinyle de « Ami oh » interprétée par Henri Salvador. Selon lui, l'auteur de la chanson était Bebe Manga, une chanteuse camerounaise originaire de Mamfé. Nous avons parlé d'elle, de sa chanson, magnifique, et d'autres encore. Ce monsieur était noir, comme moi. À l'évidence, il s'y connaissait en musique africaine. Quand je lui ai remis la pépite tant convoitée, il a voulu me donner de l'argent. Je n'en voulais pas et cette pratique était strictement interdite. Il a voulu m'offrir une bière. Je ne bois pas. Alors ce qui lui est venu à l'esprit, ç'a été de me prendre dans ses bras et de me porter au milieu des rayonnages comme un champion. C'était ça, le Virgin.

J'y suis resté onze ans : dix dans le Sud, un à Lyon. Les trois dernières années, j'étais vendeur référent. En d'autres termes, j'étais devenu itinérant. Mes fonctions m'appelaient parfois à Paris, dans les magasins du Louvre et des Champs-Élysées. Mais je retrouvais toujours Marseille avec bonheur.

J'étais dans ma vingtaine, je sortais tous les soirs sans pour autant faire d'excès. Je te l'ai dit, Kemin, je ne bois pas et je ne fume pas non plus. Je rencontrais des filles, mais cela ne durait jamais bien longtemps. Mon esprit était ailleurs, la musique m'avait happé. Vendeur, DJ, chroniqueur, je prenais part à tous les événements musicaux de la communauté africaine de Marseille. Ça ne laissait pas trop de temps. Pas même pour le foot. J'étais passé à autre chose…

Et puis, le business était devenu plus exigeant. Avec un management qui prônait la culture du chiffre et rien d'autre. Les vendeurs étaient tous logés à la même enseigne : des résultats ou la porte. J'ai compris que le moyen de survivre, c'était d'emmagasiner autant d'informations que possible. Il me fallait découvrir puis mémoriser des milliers d'albums en provenance de toute la planète. Se souvenir des morceaux. Un *full-time job*.

J'étais délégué syndical et j'avais obtenu par le comité d'entreprise des locations de vidéos et des places de cinéma à tarif préférentiel. J'étais fan du cinéma d'action américain. Et de comédies, aussi.

C'étaient mes seules distractions.

Il m'arrivait de dormir chez l'une ou chez l'autre de mes conquêtes. Mdjaza Daho, à quelque neuf mille kilomètres de Marseille, avait appris par le biais de ceux de la communauté qui faisaient régulièrement le voyage que j'y vivais dans le péché. Depuis toujours, elle caressait le rêve de se voir offrir par son fils ce qu'elle n'avait obtenu de son mari : un Grand Mariage. Je n'ose imaginer le nombre de marabouts et d'augures qu'elle a consultés pour cela. Puisque le destin ne semblait pas jouer en sa faveur, elle a décidé de lui faciliter la tâche. Un jour une fille a débarqué chez moi, à Marseille. Elle m'était envoyée par Mdjaza Daho. Mon oncle Ibrahim, qui était très ouvert, voulait surtout – surtout ! – ne rien m'imposer. Enfin, il m'a quand même fait comprendre que je devais épouser cette jeune fille :

– Ce serait bien que tu acceptes, parce que c'est comme ça.

– C'est comme ça ?

– Oui, c'est comme ça qu'on fait au pays.

– Oncle Ibrahim, je ne vis plus au pays !

La dernière chose dont j'avais envie, c'était d'expliquer à Mdjaza Daho que j'avais décidé de vivre à l'européenne. Sans doute avais-je peur de l'affronter. De lui dire les choses. De la courroucer, mais surtout de la blesser. J'ai toujours éprouvé envers elle un mélange de crainte et de respect. Par ailleurs, que dire à cette jeune fille qui avait quitté son pays et les siens ? Avait-elle fait toutes ces heures d'avion pour s'entendre dire : « Non, désolé… » ? Je ne répondais jamais à ses appels et ne l'appelais jamais. Je fuyais cette jeune femme douce, délicieuse, bien éduquée. Ensuite, ce sont les membres de sa famille que j'ai commencé de fuir.

Mdjaza Daho me mettait dans une situation embarrassante. Ça n'allait pas être la dernière fois…

J'ai appris un dimanche, en fin de journée, que l'une de mes cousines, fiancée et sur le point de convoler, venait d'être abandonnée par son promis. Tout le déshonneur de cette affaire retombait sur la famille. Notre famille.

Le vendredi de la semaine suivante, l'oncle Ibrahim m'a dit :

– On veut te voir.

Ce « on », c'était la famille, qui a tenté, pendant tout un week-end, de me convaincre qu'il m'appartenait de sauver l'honneur des miens. Et celui d'Annick, puisque tel était le prénom de ma « future » épouse.

– Mais Annick, je la connais depuis toujours ! C'est une sœur pour moi ! ai-je protesté.

– Non, non et non ! En épousant Annick, tu rends son honneur à ta famille. On va leur montrer qu'on est une famille. Qu'on a des hommes dans la famille. Donc, tu vas l'épouser !

– Non, ce n'est pas possible !

Je venais de rencontrer celle qui allait devenir ta maman, Kemin.

Je venais de rencontrer Maeva.

C'est avec elle que j'avais décidé de vivre.

Qu'est-ce que tu voulais que je leur dise ?

– 8 –

De toutes les filles que j'ai rencontrées à Marseille – je parle de celles qui m'ont vraiment séduit –, aucune n'était susceptible de convenir à ma famille en général et à ma mère en particulier : elle rêvait de me voir sacrifier à la tradition du Grand Mariage avec une jeune fille de bonne famille originaire de mon village. Les Comoriennes que j'ai fréquentées, elles avaient vu le jour en France. Les Algériennes aussi. La plupart d'entre elles avaient cinq à dix ans de moins que moi. Quant à ma communauté, foisonnante, si riche, elle n'éprouvait pas particulièrement le besoin d'aller vers d'autres communautés. Quelle que fût la direction vers laquelle je me tournais, les rapports étaient compliqués et j'ai dû apprendre à me défiler sans jamais dire « non » frontalement. Le roi de l'esquive, c'était moi. L'exercice me mettait mal à l'aise mais j'ai toutefois été appelé à m'y livrer durant des années – même, je l'avoue, après que j'ai rencontré ta maman…

Il était peu probable que le désir le plus ardent de Mdjaza Daho vînt à se réaliser un jour. Parce que je savourais le mode de vie que j'avais choisi d'endosser. J'évoluais dans un milieu libre et ouvert dont je partageais les valeurs et où tout me fascinait. J'ai commencé à voyager dans toute la France, rencontrer des artistes et être invité à des événements auxquels je n'aurais pas même osé rêver de participer. Y renoncer était inconcevable pour moi. Je voulais apprendre, découvrir, en permanence, sans frontières, sans limites. Dans mon entourage, il y avait toujours quelqu'un pour me rappeler que je devais souscrire aux us et coutumes de la Grande Comores. Je ne souhaitais en aucun cas leur manquer de respect mais ma vie était à mes yeux ailleurs. Tant et si bien que j'étais et dans la communauté et un peu en dehors. Mais le plus lourd dans tout ça, le plus contraignant, Kemin, n'était ni la religion ni les traditions : c'était le poids du mensonge. Et le fait que je me sentais écartelé en permanence.

Ce qui m'a séduit chez Maeva, c'est qu'elle incarnait à mes yeux l'archétype de la femme métisse ; ta maman est comorienne par sa mère, malgache par son arrière-grand-mère, sculpturale, sensuelle, à la fois douce et pimentée. Nos regards se sont croisés pour la première fois dans un night-club, alors que nous dansions au *Mandingue*. Elle était fan de Papa Wemba et, surtout, de son groupe, Viva la Musica, qu'elle m'a fait découvrir ; je savais un peu danser, j'ai fait le beau ; elle s'est étonnée de voir un Marseillais capable de bouger de la sorte. Des boucles s'agitaient autour de son visage comme autant de petits ressorts soyeux quand elle riait. Elle vivait chez sa sœur, dans le XIVe arrondissement. J'ai recensé mes multiples casquettes, histoire de l'impressionner : vendeur au Virgin, DJ, chanteur, chroniqueur… Ensuite, on a parlé musique et je l'ai sans doute assommée de mes connaissances. Nous nous sommes revus ; ta maman n'est pas rancunière. Je lui ai dit où j'en étais de ma vie : les fêtes, les histoires qui démarrent tard la nuit pour s'achever au petit matin. Les filles qui, parfois, te quittent parce que tu ne leur as pas obtenu une place de concert. J'étais sensible à la beauté de Maeva, à sa grâce nonchalante. Une seule année nous séparait et ta maman savait avec précision ce qu'elle attendait de l'existence : ça m'a plu. J'étais fatigué des histoires sans lendemain. De la pression continuelle qu'exerçait Mdjaza Daho depuis le fin fond d'Ouellah. Elle attendait un petit-fils avec tant d'impatience qu'elle en était venue à demander autour d'elle : « Chébli a un problème ? Vous me cachez quelque chose ? Mon fils est impuissant et vous ne voulez pas me le dire… »

J'avais envie de me poser. Maeva m'apaisait. Elle était ma liane et j'allais m'y accrocher pour revenir à la vie et renouer avec les cycles qui s'imposent à un homme. Fonder une famille en est un, et pour moi, il était temps de l'aborder.

La voix de Maeva était douce quand elle m'a demandé :

– Moi, j'ai besoin d'une relation stable ; et toi, de quoi as-tu envie ? Qu'est-ce que tu recherches vraiment ?

Ta maman est arrivée un week-end à la maison, elle souffrait d'un terrible mal de dents. Je ne connaissais pourtant pas plus joli sourire que le sien : des perles parfaitement alignées, nacrées et resplendissantes. Comment pouvaient-elles la faire autant souffrir ? Rien ne la soulageait. Le dimanche soir, elle endurait encore le martyre et je n'ai pas eu le cœur de la laisser rentrer à l'autre bout de Marseille où elle habitait. La carie s'est manifestée pendant toute une semaine. Quand Maeva est rentrée chez elle, ç'a été pour mettre ses affaires dans des cartons et s'installer dans l'appartement que j'avais fini par prendre. Nous venions de découvrir qu'on était bien ensemble. Pas seulement durant nos périodes de loisirs. Au quotidien aussi.

Notre relation n'avait rien d'officiel ; il nous est même arrivé de nous retrouver chez sa sœur et de faire comme si de rien n'était. En tout cas, il se passait quelque chose. Les jours filaient et on attendait toujours, le soir venu, avec une impatience fébrile, l'instant de nos retrouvailles. Maeva, c'était une femme. Pas une gamine. Elle n'était pas là pour repartir avec un CD ou assister au prochain concert de Madonna. C'était une femme qui aimait retrouver sa maison, une intimité confortable et paisible qu'elle avait su créer de toutes pièces. Je pense aujourd'hui qu'elle était plus prête que je ne l'étais – plus mature que moi, en tout cas.

Grâce à Maeva, ma vie sociale est devenue mieux structurée et j'ai cessé de me disperser. Elle avait fait place nette autour de moi en décourageant mes ultimes soupirantes et m'offrait une stabilité aussi inédite que délicieuse. Ta maman décuplait mon énergie, et cette énergie, Kemin, je l'ai investie dans mon travail. Je quittais le Virgin à dix-neuf heures et, après un dîner que nous partagions toujours, je partais répéter. La présence de Maeva était également bénéfique à ma créativité. Un jour, j'ai compris qu'elle faisait pour moi ce que ma mère avait fait pour mon père : en me laissant libre de mes choix, elle me permettait de me réaliser.

J'avais la certitude que, quelles que fussent sa beauté, ses qualités d'âme et la sérénité qu'elle m'apportait comme autant de présents inestimables, jamais Maeva ne trouverait grâce aux yeux de Mdjaza Daho. D'abord, parce que sa famille maternelle était originaire de Vouvouni, un village situé au sud-ouest de la Grande Comores – et non d'Ouellah – ; ensuite, la catégorie sociale à laquelle elle appartenait était considérée par ta grand-mère comme inférieure à la sienne. Ma femme légitime, « l'officielle », elle en était persuadée, serait celle qu'elle allait choisir pour moi : un jour ou l'autre, elle dégoterait la perle rare et je finirais par succomber. Maeva a longtemps vécu dans l'incertitude mais, je lui rends grâces, cela ne l'a jamais découragée. J'ai été lâche, Kemin. Les hommes le sont souvent. Moi, je l'ai été longtemps. Je n'envisageais pas mon futur sans elle et, malgré ma certitude absolue d'avoir rencontré la femme de ma vie, j'étais incapable d'affronter ma mère qui continuait d'envoyer de fragiles beautés frapper à ma porte.

À la Grande Comores, il y a la « première femme » ; celle qui donne le premier enfant, celle avec qui un homme construit sa vie. Le fruit de toutes ces années d'efforts conjugués, il est un jour offert à une autre, plus jeune. La polygamie, c'est la norme. Elle ne heurte personne puisqu'elle s'inscrit dans la tradition depuis toujours. Mdjaza Daho comprend qu'un homme puisse avoir deux femmes dans sa vie. Même si elle en a souffert. Même si cela a créé des rivalités qui ont hanté ses nuits. Elle n'a jamais laissé paraître sa douleur et a appris à l'accepter en souriant. Non par orgueil, mais par hypocrisie. Soixante-dix pour cent des hommes de notre communauté sont bigames, Maeva le savait ; chaque assaut de Mdjaza Daho était un coup de boutoir censé ébranler sa confiance en moi. Mais ta maman encaissait, Kemin. Elle ne se plaignait jamais et ne me tenait pas grief de la situation inconfortable dans laquelle ces pratiques l'avaient installée. Moi, parce que je me défilais sans arrêt et mieux que personne, je l'y maintenais.

*
* *

Comme mon oncle Ibrahim, j'ai une tendresse particulière pour les enfants – tous les enfants. Mais quand Maeva m'a demandé d'en avoir un bien à nous, là encore, j'ai fait l'anguille. L'éventail de mes activités professionnelles était large, je n'avais pas beaucoup de difficultés à fournir un prétexte qui me permettait de reporter de mois en mois cette merveilleuse perspective. J'étais prêt à toutes les promesses. C'était toujours : « Oui, mais pas maintenant. » Et les mois s'envolaient. Ta maman s'est mise à me parler de son horloge biologique, me rappelant qu'elle n'était pas la même que la mienne. Ce n'est pas que je refusais d'avoir un enfant ; je n'avais pas peur non plus : je mesurais la charge et les responsabilités auxquelles j'allais être confronté alors que je me savais déjà très occupé. Ce faisant, j'étais persuadé d'adopter l'attitude d'un adulte responsable. J'étais dans ma trentaine, je traçais depuis dix ans mon sillon au Virgin et je commençais à cueillir les fruits de mon travail. J'avais des projets pour ma vie. Pour notre vie. Mais pas celui-là. Pas encore…

Au village, Mdjaza Daho se désespérait. Mon frère Youssouf, plus jeune que moi, venait de lui offrir son premier petit-fils. Quant à Maeva, elle se faisait plus insistante. Elle m'avait déjà tellement donné d'amour. Rien n'était parvenu à l'entamer malgré les efforts de la famille et ceux de la communauté. Alors, un matin, j'ai cessé de résister. J'ai rendu les armes et cela a été la plus belle victoire de Maeva. À l'instant précis où je n'ai pas dit « non », je suis devenu papa ; et toi, d'éventualité, tu es passé au stade de projet. D'emblée une évidence pour ta maman. Je veux être honnête avec toi, Kemin ; je te l'ai dit : rien ne te sera caché. Comment pourrais-tu savoir qui je suis si je venais à te mentir ? Ta maman te désirait plus que tout au monde ; c'est elle qui m'a fait franchir le cap. Et un dimanche, elle m'a appris qu'elle était enceinte. On louait un appartement dans le XIIIe arrondissement de Marseille à notre copine Dali, la patronne du *Taxi Brousse*, la boîte qui m'employait comme DJ le week-end ; je m'y revois l'embrasser. Elle était rayonnante et moi, j'étais pétrifié, incapable d'exprimer ma joie : parce que telle une vague, l'inquiétude l'avait submergée et engloutie. Je suis d'une nature inquiète, Kemin. Pas pour tout ; mais pour ça, oui. Il m'a fallu du temps pour m'habituer à l'idée que j'allais être père.

J'ai passé peu de temps aux côtés de Maeva durant les neuf mois qui ont précédé ta naissance. Mes activités professionnelles m'ayant appelé à Lyon, j'y suis parti en éclaireur tandis que ta maman choisissait de rester à Marseille, chez sa sœur. Cette option était la plus sûre :

il me fallait trouver un appartement pour nous trois, cela pouvait prendre du temps. Tout se passait pour le mieux, ce qui ne m'empêchait pas de l'appeler à n'importe quelle heure du jour et de la nuit : nous vivions suspendus au téléphone. Je descendais à Marseille dès que j'en avais l'occasion ; un jour, en arrivant devant l'immeuble, une femme m'a interpellé depuis son balcon :

– Bonjour, chéri !

C'était Maeva, nous étions restés deux mois sans nous voir et je ne l'ai pas reconnue tant la grossesse l'avait transformée. Elle a éclaté de rire en caressant son ventre devenu énorme.

– Toi, alors !

Le 20 juin 2000, tu n'étais toujours pas là alors que ta maman et moi t'attendions entre le 10 et le 15. Des deux, j'étais le plus impatient. Comme tu tardais, je me suis mis à prier. Et j'ai rejoint Maeva à Marseille. Quand elle a ressenti les premières douleurs en début d'après-midi, je l'ai conduite à l'hôpital Beauregard. Le soir, je devais être à Montpellier à l'occasion de la fête de la Musique ; j'étais tête d'affiche pour la première fois. Un fort sentiment d'euphorie et de fierté mélangées m'habitait à cette occasion mais il n'était rien au regard de ce que j'éprouvais d'heure en heure, alors que ta venue se faisait plus imminente : le bonheur allait me faire exploser. Plus que tout, je voulais être auprès de Maeva pour t'accueillir. J'ai appelé les producteurs et je leur ai dit :

– Les gars, ma femme va accoucher, je ne vais pas pouvoir être là…

– Chébli, faut que tu comprennes, c'est pas possible, ça ! Y a déjà trop de monde. C'est bourré ici, alors on t'attend, dépêche ! m'a répondu l'un d'entre eux.

Il y avait de l'affolement dans sa voix.

Ces gens m'avaient fait confiance, je ne pouvais pas les laisser au milieu du gué. J'ai fini par céder :

– Bon, OK. J'arrive…

J'ai laissé Maeva à Beauregard et ai enquillé à toute allure l'autoroute en direction de Montpellier. J'ai réalisé à une station-service que j'étais parti sans ma Carte bleue. Demi-tour. À fond. Quand je suis arrivé à Beauregard, Maeva était en plein travail. Il y avait plusieurs femmes qui s'affairaient autour d'elle, j'ai demandé :

– Elle est où, ma Carte bleue ?

Maeva, livide, m'a désigné une tablette.

– Regarde, elle est là…

Une infirmière, interloquée :

– C'est qui, ce monsieur ?

– C'est mon mari, a répondu Maeva avec difficulté.

– Ah bon ! Il vient chercher la Carte bleue et il s'en va ?

– Oui, il est comme ça…

En sortant de l'hôpital, je ne me sentais pas tout à fait à l'aise avec moi-même et encore moins vis-à-vis de vous ; aujourd'hui encore, il m'arrive de regretter le choix que j'ai fait. Alors que je roulais vers Montpellier, je me sentais tout bizarre : la culpabilité prenait toute la place dans l'habitacle. Pendant des kilomètres, j'ai retourné cette question dans ma tête : « J'ai bien fait ou pas ? »

J'ai tenté de me rassurer comme je pouvais en me répétant que, de toute façon, Maeva ne voulait pas que je reste. Elle savait que je risquais de paniquer. Il te faudra l'apprendre et l'accepter, Kemin : en certaines circonstances, les femmes font montre d'un courage dont nous sommes bien incapables.

La question occupait tout mon espace mental et elle me taraudait encore l'esprit au moment de monter sur scène. J'en ai parlé à l'un des musiciens, le violoniste, qui m'a achevé d'une certitude :

– Moi, Chébli, je n'aurais jamais fait ça. J'aurais annulé le concert, c'est tout. Ouais, t'aurais dû annuler, mec…

Sur ces propos réconfortants, j'ai tendu mon portable à Rosie, mon manager de l'époque.

– Si l'hôpital appelle et que mon fils est né, je l'annoncerai sur scène ! Viens me le dire…

– Je viendrai t'avertir, ne t'en fais pas, m'a-t-elle assuré en se saisissant de l'appareil.

Sa voix, teintée d'un fort accent espagnol dont elle n'est jamais parvenue à se départir, se voulait rassurante. Ce petit bout de femme, épouse du musicien marseillais Pedro Aledo, ne s'est jamais consacrée qu'à lui et à la carrière de ses artistes. Elle a ajusté ses lunettes : depuis le temps qu'elle organisait mes tournées, elle ne m'avait jamais vu dans un état pareil.

– Va falloir y aller maintenant, Chébli… C'est l'heure !

Quatorze chansons étaient prévues ce soir-là ; le 21 juin de l'an 2000, sur la scène de Montpellier, j'ai eu l'impression d'accoucher à quatorze reprises. Comme si le don d'ubiquité m'avait été offert, j'étais avec le public qui me faisait face et à Marseille en même temps : je ne pourrais te dire si le concert a été bon ou pas, mais j'ai tout donné. Depuis la scène, je guettais la moindre intervention de Rosie qui se trouvait *backstage*, à ma gauche, derrière le pianiste. Comme je regardais tout le temps dans sa direction, il a fini par se demander si j'avais un problème avec sa façon de jouer. Le temps s'écoulait, j'égrainais les chansons, Rosie ne faisait toujours pas irruption. Le concert devait s'achever par « Haki », une chanson dont le titre fait référence au droit et à la justice. Quand j'en ai interprété la dernière note, tu n'étais toujours pas né. Les musiciens et moi avons salué puis sommes revenus après avoir disparu quelques instants derrière le rideau. Non pour saluer une deuxième fois, mais pour interpréter « Haki » de nouveau. Je tenais absolument à annoncer ta naissance sur scène. Chacun a pris son instrument, le guitariste en premier, et s'est mis à en jouer. Cela ressemblait davantage à un début de concert qu'à une fin. J'ai fait traîner. Vers vingt-trois heures, j'ai salué, encore et encore, avant de regagner ma loge. Rosie est arrivée un peu plus tard avec mon téléphone :

– Tiens, c'est ton oncle Ibrahim…

La voix de mon tonton qui exultait :

– Chébli, ton fils est né ! Je viens de dire sa première prière…

– 9 –

Kemin, tu es venu au monde à minuit, le jour de la fête de la Musique. Étant toi-même petit-fils et fils de chanteurs, je ne peux considérer comme une coïncidence que tu sois né sous son signe. Si je t'ai déjà parlé d'elle en long et en large et si j'ai évoqué avec toi sa diversité, si je t'ai chanté toutes mes chansons aussi, je ne t'ai jamais rien dit de l'homme qui monte sur scène. Il n'est pas celui que tu connais. Et tu ne saurais vraiment qui je suis si je ne te confiais mes secrets jusqu'au dernier. J'ai le trac, Kemin, comme tous les musiciens. Ne pas ressentir le trac face au public, c'est lui manquer de respect. Quand on est sur une scène, c'est pour donner le meilleur de soi ; et c'est ça, précisément, qui m'a toujours flanqué le trac. « Vais-je en être capable, cette fois-ci encore ? » Tu doutes, tu ne peux pas faire autrement. La scène me permet d'aller vers les autres et de séduire les femmes comme les hommes d'une même foule. Dans la vie quotidienne, je suis plutôt réservé et j'ai peur des « râteaux ». Quand je monte sur scène, c'est pour « draguer ». Je veux les accrocher. Les happer. Tous. Par ma voix, ma mélodie, mon déhanchement. C'est ce qui me motive. C'est ce qui me donne l'envie de me retrouver dans la lumière des projecteurs. Je suis un papillon. C'est l'endroit où je suis le maître, aussi. Je joue avec des musiciens de haut niveau mais ils ne peuvent pas me diriger. Je vais où je veux et je les emmène où je veux. Là, je suis un lion. Quelqu'un qui se sent fort malgré le trac. Je suis chez moi. Alors, je peux défier n'importe qui. Peur de rien. Le trac, c'est naturel. À toi de le dompter. Le trac et le souffle, c'est la même chose. Tu n'as pas de souffle, tu ne peux pas courir ; tu n'as pas le trac, tu ne peux pas bien faire. Avoir vu, écouté et travaillé avec de grands noms de la musique africaine – Salif Keita, Papa Wemba, Manu Dibango, Sekouba Bambino, ou encore Jacob Desvarrieux, le fondateur de Kassav' – m'a permis de comprendre cela. J'aime bien jouer avec des gens comme eux parce qu'ils ne font pas de cadeau.

Le défi est permanent. Entre le public et moi. Entre les musiciens et moi. Et puis, leur fréquentation est précieuse : elle permet de se mesurer à eux. Je n'ose pas me comparer à des grands comme Tito Puente ou Richard Bona, à côté desquels je me sens tout petit. Mais quand je suis sur scène, entre le public et les musiciens, j'envoie tout ce que j'ai pour les mettre K-O. Tous.

Le métier te façonne. Tu en sais toujours un peu plus quand tu quittes la scène ; tu as appris un truc, tu as eu l'idée d'un nouvel enchaînement – en un mot, tu en ressors un peu plus rodé chaque fois. Je ne parle pas l'anglais, je ne parle pas non plus l'allemand, et je me rendais à Munich : comment allais-je m'adresser au public ?

– C'est très simple, m'a expliqué l'ami francophone qui avait organisé le concert : adresse-toi à lui en comorien. Dans ta langue. Et tu désignes une femme au hasard dans la foule, les gens seront persuadés qu'elle te comprend. Et ils vont t'écouter…

C'est exactement ce qui s'est produit. Quoi qu'il arrive, c'est toi qui dois sortir vainqueur.

J'ai fait la première partie de Faudel au Zénith de Toulon ; dans la salle, une majorité d'adolescentes, des jeunes filles qui étaient là pour lui et rien que pour lui. Ça allait être dur de chauffer la salle. C'est mon percussionniste qui, comme d'habitude, est monté au feu. Il a été accueilli par des sifflets dès le moment où il a fait son apparition sur scène. Généralement, on le rejoint avec les autres musiciens deux minutes après son intervention. Mais impossible de le laisser ainsi au supplice : il fallait sauver le soldat Nasser.

C'était le jour de l'aïd ; j'ai eu une idée. Une fois devant le micro, j'ai hurlé en arabe :

– Bonne fête de l'aïd à toutes et à tous !

Les femmes étaient si nombreuses que leurs youyous ont couvert la clameur du Zénith. Et c'est parti très fort. Tellement, que Faudel est venu jeter un œil : il était intrigué. C'est ça, la scène. Son côté excitant, c'est que tu ne sais jamais comment tu vas t'en sortir ; les boxeurs et les toreros doivent connaître ça. Comme tu dois triompher, tu entames une vaste opération de séduction. Je te l'ai dit, Kemin : j'ai les râteaux en horreur. Alors, je donne ce que j'ai dans le ventre et au-delà.

Mon premier concert à l'intérieur d'un stade, c'était à Sanaa, au Yémen. Avec les hommes d'un côté et les femmes de l'autre. Dans notre groupe, il y avait des Corses, des Espagnols, des Africains de l'Ouest et de l'Est ; si j'avais une idée de ce qui pouvait plaire aux Yéménites, c'est parce que je travaillais au Virgin. J'ai démarré avec « Anissia », entrelaçant la rythmique de la rumba congolaise à celle de la musique orientale. L'Alliance française avait organisé plusieurs concerts, on a joué « Anissia » tous les soirs. Un carton ! En ville, les passants m'interpellaient, tous m'appelaient « Anissia » ; c'est cette chanson qui les a marqués entre toutes. À l'origine, c'est un morceau de jazz arrangé par Maurice Poto. Il m'est même arrivé, selon l'inspiration du moment, d'y ajouter ici et là les couleurs du flamenco. C'est ça, la scène. Il faut avoir le feeling de l'instant. Il m'arrive d'avoir la sensation de contrôler simultanément les musiciens et le public. C'est une sensation très étrange. Je donne le tempo. Je donne l'ambiance. Et je les transporte…

– 10 –

Vendeur confirmé à Marseille, mes nouvelles fonctions d'adjoint au directeur de la musique m'ont appelé au Virgin de Lyon et j'y étais installé depuis six mois quand tu es né, au terme de l'un des concerts qui restera parmi les plus mémorables de ma carrière. J'avais trouvé un appartement dans le IIIe arrondissement. Vous êtes venus me rejoindre Maeva et toi en octobre seulement : si ta maman tenait à ce que tu naisses à Marseille, elle voulait aussi que tu y passes tes premiers mois. En attendant votre arrivée, j'ai monté avec difficulté un parc pour bébés et dévalisé plusieurs magasins de jouets. Cela m'a permis de réunir une impressionnante collection de canards en plastique ; j'étais impatient de voir tes yeux quand tu la découvrirais. Mon salon était celui d'un célibataire, il y avait des instruments de musique un peu partout et des piles de CD dans lesquelles je t'ai laissé farfouiller à loisir. Vous étiez là depuis moins d'une heure et j'avais l'impression d'habiter une crèche : toutes ces couches, je ne savais plus où les ranger, la table à langer, le stock de boîtes de lait en poudre, les biberons, les pommades contre les rougeurs… Et tes vêtements que je m'amusais à déplier pour les contempler : leur taille me laissait à la fois incrédule et émerveillé. Je ne me lassais pas de ton babil et tu avais une expression étonnée lorsque je te chantais mes chansons. J'ai dépensé mon argent en cadeaux extravagants. Tous les soirs, je rentrais avec quelque chose pour toi. Je me souviens d'une nuit durant laquelle tu ne parvenais pas à trouver le sommeil, tu pleurais beaucoup ; nous l'avons passée dans la voiture avec ta maman, à tourner dans les rues de Lyon : je t'aurais conduit jusqu'au bout du monde pour t'apaiser et sécher tes larmes.

L'hiver est arrivé, Maeva s'est envolée avec toi vers la Grande Comores pour te présenter à la famille. Je ne pouvais être du voyage, j'avais des obligations : je venais d'obtenir un poste d'encadrement, les fêtes de fin d'année approchaient, ce n'était pas le moment de prendre des vacances. Quand quelqu'un rentre au pays, ce ne sont pas deux ou trois personnes qui viennent l'attendre à l'aéroport, ce sont trois ou quatre bus. Tous les habitants de Vouvouni, le village natal de Maeva, étaient là. Mdjaza Daho aussi avait fait le déplacement depuis Ouellah. Elle n'avait jamais vu d'aéroport ; pas plus que mes frères, elle ne m'y avait un jour accompagné ou accueilli. L'impatience la ravageait. Les formalités interminables, à la douane puis à la police, les bagages qui n'arrivaient pas, c'était plus qu'elle ne pouvait en supporter. Ta grand-mère a supplié qu'on te laisse passer ; elle s'est heurtée à un refus poli dont les raisons, toutefois, lui échappaient.

Maeva avait préparé deux tenues : l'une pour voyager, l'autre pour te présenter au monde. Et du monde, il y en avait pour t'attendre, Kemin : tel un roi, une foule entière était là pour honorer ta venue. On se bousculait, c'était l'émeute. Mdjaza Daho était cantonnée loin derrière tous ces gens qui voulaient te voir, te toucher, et elle ne parvenait pas, même en se hissant sur la pointe des pieds, à t'apercevoir. Alors, tu es passé de bras en bras jusqu'à elle. Tu pleurais, tu étais terrifié, tu avais à peine cinq mois. Mdjaza Daho t'a serré contre elle, et quand Maeva est enfin parvenue à la rejoindre, ma mère lui a dit, emplie de fierté :

– Mon petit-fils me ressemble.

Arrivés à Vouvouni, vous avez été installés dans la maison familiale parce que la nôtre n'était pas encore construite. Ta grand-mère, qui n'avait pas vu Maeva depuis plus d'un an, ne parvenait à contenir son bonheur et même parfois ses larmes tant elle était heureuse de la retrouver maman d'un petit garçon. Chacun a redoublé d'attentions à votre égard et fait vos louanges. Le dîner achevé – le festin, devrais-je dire –, les conversations se sont éternisées dans la grande cour avec oncles, tantes et cousins : ils étaient émerveillés de ta venue. Maéva, quant à elle, était heureuse auprès des miens.

À la maison, je me suis appliqué à reproduire l'atmosphère familiale, chaleureuse et confortable que mon oncle Ibrahim avait su créer dans son foyer. Chez lui, Noël était prétexte à un bon repas et on fêtait l'événement selon la tradition occidentale : des cadeaux étaient déposés au pied du sapin et, après les avoir ouverts, on regardait la télé. C'est ma tante qui avait institué ce rite ; musulmane, croyante et pratiquante, elle n'en aimait pas moins les coutumes de la France. C'est auprès d'eux que je les ai découvertes et que j'ai appris à les apprécier. Voilà pourquoi il m'importait de décorer ton premier arbre de Noël. Même si tu ignorais le sens de cette célébration, je voulais être celui qui allait te faire découvrir sa magie un peu désuète. C'est en m'affairant au milieu des boules et des guirlandes que cela m'est soudain venu à l'esprit ; un peu comme une révélation.

– Ça y est, j'ai une famille ! ai-je réalisé.

Cette fois, c'était concret. La prise de conscience qui venait de s'effectuer aurait dû s'accompagner de panique. Rien ne s'est produit. Ce soir-là, j'étais serein, j'avais trouvé ma place et je savais quel était mon rôle. Pour tout te dire, Kemin, j'étais le genre de père prêt à filer aux urgences à la moindre alerte. Alors que Maeva, rien ne pouvait lui faire perdre le contrôle de ses nerfs. Elle n'a jamais eu peur pour toi ; moi, je tremblais sans cesse et c'est elle qui me rassurait à ton sujet. Après qu'elle a eu élevé sept neveux et nièces, ce n'était pas un petit coup de froid qui allait l'alarmer. Tes cris me plongeaient dans le désarroi ; j'apprenais à tâtons mon métier de père, elle caracolait sur son terrain.

L'année de ta naissance, je suis allé présenter à Paris les maquettes sur lesquelles j'ai travaillé dès les premiers jours de mon installation à Lyon. J'avais réalisé un premier album – dédié à mon père qui n'avait jamais eu la chance d'enregistrer –, deux ans plus tôt, en 1998. La Fnac l'avait estampillé « Attention talent ! » et Virgin, mis en avant dans ses bacs : un succès plus qu'honorable. Je suis donc arrivé confiant dans les bureaux de Musisoft, ma maison de disques, où m'attendaient son président, Henri de Bodinat, qui venait de la racheter, et Patrick Coleoni, le directeur artistique. Je connaissais le premier de nom : il avait lancé, avec Jean-François Bizot, le magazine *Actuel*, devenu le phare d'une génération à qui il a fait découvrir la world music, fondé Radio Nova avec ce même Bizot, et présidé aux destinées de Sony Music – entre autres activités – ; j'avais déjà rencontré le second, je me souvenais de lui, il se souvenait de moi.

– On va produire ton prochain album, t'en fais pas ! m'a assuré Coleoni en sortant du bureau de son nouveau patron.

Nous sommes restés quelque temps à discuter du marché, de la reprise de Musisoft et de ce qui allait changer sous l'impulsion de Bodinat. Coleoni m'a fait part de quelques soucis d'organisation : la responsable du département « musique africaine » venait de quitter la boîte.

Cela avait déjà fonctionné une fois. Pourquoi pas deux ?

– Tu devrais m'embaucher, lui ai-je soufflé comme si je conseillais un ami. Ça aussi, je peux le faire…

L'idée a semblé lui plaire.

– On peut y réfléchir, si tu veux…

J'étais chef de rayon, pas directeur artistique. Je ne m'étais encore jamais occupé d'un catalogue. Je devais étendre mes connaissances musicales à un spectre encore plus large et donner son orientation au label. Satisfaire tant le marketing que la pub. C'était du lourd. Le staff avait beau me connaître, il y avait de quoi hésiter. Henri de Bodinat a choisi de me faire confiance. On s'est serré la main, un contrat me serait bientôt proposé.

Quand il s'agit de ma carrière, Maeva ne conteste jamais mes choix. Je suis rentré, le cœur en surrégime, j'avais hâte de lui annoncer la nouvelle : j'avais décroché un nouveau job et on allait partir vivre à Paris !

– Ah non, pas question ! Moi, je rentre à Marseille chez ma sœur. On n'a pas d'appartement à Paris. Je te rejoindrai avec Kemin quand tu auras trouvé un endroit où nous installer…

Je pouvais la comprendre ; je savais que ce ne serait pas aisé. Peut-être me faudrait-il dormir à l'hôtel ou dans des foyers, je n'allais pas imposer cette vie à ceux que j'aime.

J'avais grandi avec le cousin qui m'a accueilli dans le foyer où il vivait, à Stains. J'y suis resté plusieurs mois. On dormait dans le même lit, plutôt serrés, jusqu'à ce que je trouve un studio à Montreuil. Une dame le proposait à la location, elle avait transformé son rez-de-chaussée à cet effet et ne déclarait aucun des loyers versés. « C'est pour ma retraite », m'a-t-elle expliqué un jour. Confiant, j'ai fièrement appelé Maeva : elle pouvait enfin venir me rejoindre avec toi, j'étais fou de joie. La veille de votre arrivée, je me suis affairé dans le studio une bonne partie de la nuit pour que vous vous y sentiez bien dès le premier instant. Puis ç'a été le grand jour et je suis venu vous chercher. Une nouvelle vie démarrait pour nous. Ta maman te tenait dans ses bras, on franchissait le seuil de la porte, encombrés par trop de bagages, quand ma logeuse si affable m'a invité, l'air renfrogné, à la rejoindre. Elle voulait me parler « en privé ». Cela avait l'air urgent, je me suis demandé de quoi elle avait pu prendre ombrage. Et j'ai eu l'explication :

– C'est à vous que j'ai loué, pas à elle. Alors elle dégage ! Au cas où vous ne l'auriez pas remarqué, il n'y a qu'un lit dans votre chambre et il est à une place. Allez, dehors tous les trois ! Je ne veux plus vous voir…

Tu ne peux imaginer, Kemin, à quel point cela m'a meurtri. Mais pas autant que Maeva qui s'est sentie profondément humiliée.

*
* *

Mes pas m'ont un jour conduit à Montmorency, une jolie sous-préfecture du Val-d'Oise qui était la seule susceptible de me délivrer en un laps de temps record le passeport dont j'avais besoin pour partir au Fespam, le marché de la musique africaine qui se tient tous les deux ans à Brazzaville, au Congo. Je me dirigeais vers la gare, c'était coquet, tout à fait le genre d'endroit où on a envie de voir grandir ses enfants. Je m'attardais devant les annonces locatives des agences immobilières. Je prenais des cartes de visite, laissais mes coordonnées ici et là. J'étais en quête d'un F3. Partout, j'ai procuré des justificatifs de revenus, tout à fait authentiques et plus que décents.

– Avec un budget de 1 400 euros par mois, vous ne trouverez jamais deux chambres et un séjour dans les environs ! m'a affirmé un agent.

Une fois au bureau, j'ai continué de passer des coups de fil.

– Ah non, monsieur, désolé, c'est pris…

Difficile de louer un appartement dans une banlieue chic quand tu es originaire d'Ouellah, mon fils. Un jour, je venais d'en visiter un, très clair, bien exposé, il correspondait à nos besoins et il me plaisait. Le loueur m'a serré la main en ajoutant :

– OK, vous pouvez considérer que c'est fait.

Dans l'escalier, j'ai croisé un couple de trentenaires ; l'homme avait l'air bien mis des jeunes cadres que l'on croise dans les entreprises florissantes ; elle avait noué un joli chignon qui lui donnait une expression sage et réservée. Je les ai regardés, et j'ai dit à mon ami Amtar qui m'accompagnait :

– C'est foutu ! Je n'aurai pas l'appartement…

J'avais vu juste ; j'en ai eu confirmation le lendemain, en appelant :

– Désolé, monsieur, on a loué. Désolé.

Il a raccroché. J'étais encore plus désolé que lui. Le salaire, ça collait. Mais pas le reste. J'ai compris que mon accent était rédhibitoire. J'ai donné toutes les cartes à une copine du bureau, Juliette ; elle est africaine pour moitié, mais comme elle est née en Bretagne, cela ne pouvait s'entendre au téléphone. Je lui ai demandé d'appeler les agences et l'une d'entre elles a fini par lui répondre :

– Je crois que j'ai un appartement à vous proposer…

Rendez-vous a été pris. J'ai accompagné Juliette mais nous sommes arrivés en retard à cause des embouteillages sur l'A15. C'est moi qui ai appelé l'agence pour nous excuser.

– Ce n'est pas grave, revenez demain. Oui, à la même heure. On ira visiter… Prévoyez de partir un peu plus tôt au cas où il y ait des bouchons, OK ?

Avec Juliette, on s'est dit que cela faciliterait les choses si on se faisait passer pour un couple. Dans la voiture, on s'est entraînés à utiliser l'un pour l'autre des mots tendres. Juliette était au service « com », elle s'occupait du hip-hop et du reggae, c'était le genre de fille qui se sent à l'aise en toutes circonstances. Nous étions fin prêts pour le rendez-vous pris à quinze heures ce 11 septembre 2001. Seulement, en fin de matinée, assommés, pétrifiés par les images des Tours Jumelles en flammes que nous voyions tourner en boucle à la télévision, nous ne nous sentions plus de faire cette visite… Je suis resté stupéfait, incapable de prononcer un mot. On voyait un avion percuter une tour du World Trade Center, à New York. Elle ne s'était pas encore effondrée quand un second avion est venu s'incruster dans l'autre tour, et on a cessé de parler d'un « accident ». Deux nuages de fumée noire, disproportionnés, monstrueux, s'élevaient au-dessus de la Grosse Pomme, maculant le bleu du ciel. Dans les rues, partout aux alentours, les gens fuyaient en hurlant. D'autres pleuraient en tentant de composer un numéro sur leur portable. Tous ceux que le destin avait attirés *downtown* ce matin et qui se trouvaient encore en vie étaient couverts de cendres. On voyait des corps dégringoler à la verticale des bâtiments en feu et des pompiers pénétrer au cœur de l'enfer. C'était la panique. Après que les deux tours se sont effondrées, un commentateur a émis l'hypothèse de milliers de morts. Personne ne comprenait ce qui était en train de se produire.

Nous avons néanmoins décidé de nous rendre à l'agence, ne serait-ce que pour échapper à cette horreur. On a tant bien que mal fait le petit numéro que nous avions mis au point, elle a présenté ses revenus, j'ai présenté les miens. Tout se passait pour le mieux, le type a enfilé un imper et nous a annoncé :

– Il faut passer chercher les clefs chez le propriétaire, ça prendra cinq minutes.

Nous l'avons accompagné jusqu'à sa voiture. Tous les gens de cette ville si charmante me semblaient soudain parfaitement étranges. Comme s'il venait de s'abattre sur eux aussi quelque fléau. Ceux qui parlaient le faisaient presque à voix basse, abasourdis, tandis que les passants accéléraient le pas pour rentrer chez eux. Nous sommes montés à bord d'une Mercedes, Juliette à côté du conducteur et moi sur la banquette arrière. Quelques minutes plus tard, la voiture s'est immobilisée devant un pavillon, assez banal, son crépi grisâtre en partie dissimulé par du lierre. Juliette et moi avons suivi l'agent immobilier. Il a sonné, puis poussé la porte sans attendre la réponse de l'occupant. Un homme, que l'on apercevait de trois quarts, était affalé dans un fauteuil devant sa télé. Tétanisé. Il ne nous a même pas adressé un regard.

– C'est pour l'appartement de Saint-Gratien ?

– Oui.

– Prenez les clefs, elles sont là, sur le buffet. Revenez me dire ce que vous en pensez…

Il gardait les yeux rivés à l'écran.

– C'est la fin du monde… répétait l'homme dans son fauteuil quand nous l'avons quitté.

L'appartement était situé dans un château ayant appartenu à la princesse Mathilde, nièce de l'empereur Napoléon Ier. Encore plus clair et spacieux que je ne l'avais imaginé, il avait des fenêtres qui donnaient sur un bassin magnifique et, heureux clin d'œil du destin pour le musicien que j'étais, la Sacem occupait des bureaux au rez-de-chaussée : je pouvais difficilement espérer mieux. Quand nous sommes revenus, l'agent immobilier a proposé au proprio de jeter un œil sur notre dossier. Ça ne l'intéressait pas. Les images de terreur et de désolation qui se succédaient depuis des heures l'avaient maintenu hypnotisé dans le fauteuil où nous l'avions laissé.

– Il vous plaît ? Alors, prenez-le, il est pour vous…

Nous y sommes restés pendant trois ans. On était bien. Dans un cadre superbe à proximité du lac d'Enghien. J'ai toujours réglé mon loyer avec ponctualité ; le propriétaire m'a proposé un appartement plus grand et c'est ainsi que nous avons atterri pas très loin du centre de Montmorency. Ta maman m'a un peu bousculé quand elle m'a appris qu'elle envisageait de travailler ; j'ignore pourquoi, je ne m'étais jamais préparé à cette éventualité ; c'est dû, je crois, à mon côté égocentrique. Elle était comptable de formation, mais n'éprouvait plus trop d'intérêt pour ce métier qu'elle avait exercé quelques mois. Après avoir suivi une formation, elle a trouvé un emploi de vendeuse chez Eurodif-Bouchara – elle se plaisait dans ses nouvelles fonctions, ta maman a toujours eu une passion pour la mode et les étoffes. Le matin, c'était un peu la bousculade dans l'appart : Maeva et moi partions travailler, l'un ou l'autre t'habillait pour t'accompagner chez la nounou, moi le plus souvent. On connaissait les problèmes quotidiens de tous les couples qui travaillent avec un enfant en bas âge. Et je m'y faisais plutôt bien.

Sur le plan professionnel, ce vers quoi je tendais était en train de se réaliser. Je m'étais vu confier par Henri de Bodinat le catalogue des plus grands noms de la musique africaine. Parmi eux, Miriam Makeba, Salif Keita, Kassav', Sam Mangwana. Grâce à mon métier, j'avais l'occasion de rencontrer ceux qui m'ont toujours fait rêver. J'étais directeur de label, et il m'appartenait désormais – j'avais tellement de mal à y croire ! – de fixer le cap à chacun. Tu avais un peu plus de deux ans, Kemin. Tu étais très beau. Radieux. Toujours en mouvement. J'ai pensé que tous les signaux étaient au vert.

- 11 -

Va expliquer, Kemin, alors que tu es en réunion avec ton président, le staff de la maison de disques au grand complet et quelques pointures mondiales de la musique, que tu dois t'absenter pour aller récupérer ton fils. Comme bien des parents, j'ai été confronté à cette situation mais je jouissais assurément d'un privilège : mon activité et la latitude qui l'accompagnait m'ont toujours permis de justifier mes départs précipités : j'attendais la dernière minute pour me lever et quitter la salle. C'était devenu un peu tendu à la maison depuis que Maeva avait renoué avec un emploi. J'avais toujours été la priorité de ta maman ; mais depuis que chacun était placé sur son orbite professionnelle, les choses avaient changé. Elle avait toujours été à mes côtés pour me permettre de matérialiser mes rêves et elle attendait de moi la même attitude à son égard. Je devais désormais savoir m'effacer : son tour était venu. Je n'ai pas été préparé à cela et ne parviens que difficilement à me départir d'un tempérament machiste dû à mes racines et mon éducation. J'ai répliqué, assez sèchement, et je le regrette aujourd'hui :

– De nos deux carrières, de toute façon, c'est la mienne qui importe !

Ta maman, je te l'assure, n'est pas du genre à se laisser faire.

– Ah oui ? Quand on fait un enfant à deux, on s'en occupe à deux ! Alors pour ton voyage au Congo, tu te débrouilles comme tu veux, mais demain il faut récupérer Kemin à dix-neuf heures : tu t'organises et pour les soirs suivants aussi. Moi, je ne termine pas avant dix-neuf heures trente jusqu'à la fin de la semaine...

Longtemps, elle a continué ce soir-là à déverser son trop-plein de frustrations accumulées, avant de conclure :

– Tu vas enregistrer ton deuxième album, tout s'organise autour de toi. Tu crois que ça va continuer encore longtemps ?

Tu passais d'une nourrice à une autre parce qu'on ne s'est sans doute pas donné le temps de chercher – et trouver – la bonne personne. Tu as été un enfant bringuebalé, confié tôt le matin à une quasi-inconnue qui allait veiller sur toi pendant dix heures au milieu d'une nuée de bambins pleurnichards et morveux. Je ne te quittais pas, je m'enfuyais. Mon travail. Mes rendez-vous. Mes avions. Mes concerts. Toi, pendant ce temps-là, tu te blottissais contre d'opulentes poitrines, passant du français aux dialectes les plus étranges venus du fin fond de l'Afrique. Lequel d'entre eux était en mesure de te rassurer quand je n'étais pas là ? Nous n'avions pas encore trouvé de place pour toi en crèche. Ta maman et moi ne t'avons pas mis dans les bras de n'importe qui, mais dans les bras de gens dont nous ne savions rien ou pas grand-chose. Quelle a été l'incidence de ce traitement commun à des millions d'enfants dont le père et la mère travaillent ? Nous ne le saurons jamais. En tout cas, j'admets que nous avons pris des risques.

C'est en désespoir de cause, et sans doute à la suite d'une défection, que ta maman a couru, un matin, te confier à Corinne, l'une de ses amies. En fin d'après-midi, mon portable s'est mis à vibrer, j'étais en réunion. Il était l'heure de te donner ton bain et de te passer un pyjama ; seulement Corinne ne parvenait pas à retirer le pull que ta maman t'avait enfilé le matin : tu hurlais, elle appelait à l'aide et c'est vers moi qu'elle a choisi de se tourner. J'étais à Nanterre, j'ai foncé jusqu'à Saint-Gratien, cinquante bonnes minutes de trajet, j'ai retiré ton pull, et je suis revenu m'asseoir derrière mon bureau en début de soirée. La réunion s'était achevée.

Au fil des jours, je voyais ton humeur s'assombrir. Les séparations devenaient de plus en plus difficiles, de plus en plus éprouvantes pour toi comme pour moi. Je te laissais, cela me brisait un peu plus chaque fois. Une Haïtienne sans la moindre formation de puéricultrice t'a accueilli un temps. Elle gardait les enfants des voisins, ça l'aidait à tenir. C'était pratique, pas trop cher. Tu as fini par atterrir à son domicile, avec biberons, doudous, camions, tricycle et tout ce qui t'accompagnait au moindre de tes déplacements. Je suis venu un après-midi te chercher, il faisait beau et, vers seize heures, j'avais du temps et l'envie d'une balade au parc avec toi. Quand je suis arrivé, tu étais déjà habillé, fin prêt à partir, en train de m'attendre derrière la porte alors que je venais toujours te chercher beaucoup plus tard. J'ai compris que tu n'étais pas bien dans cette maison ; il m'est même arrivé de me demander si tu avais été battu. Quand j'ai demandé des éclaircissements à cette femme, elle s'est contentée de me répondre :

– Il pleure beaucoup !

Aujourd'hui encore, je vis avec cette question.

J'ai besoin de savoir et je sais que je ne saurai jamais. Parfois, cela me réveille la nuit. Je me dis : « Mais qu'est-ce qu'il s'est passé ? » Et je ne parviens plus à trouver le sommeil. C'est par périodes. Je n'en veux à personne. Maeva et moi, à ce moment de ta jeune existence, nous avons fait le choix de notre carrière. Je t'ai dit ma nature inquiète, Kemin ; m'occuper de toi créait un stress non négligeable mais il n'était en rien comparable au bonheur et à la fierté que j'éprouvais à chacun de ces instants passés avec toi. J'étais heureux. Je me sentais nourri de l'intérieur ; un sentiment que j'associe à la paternité puisque je ne l'avais jamais éprouvé avant ta venue – et qui, je pouvais le mesurer chaque jour, avait un impact des plus bénéfiques sur ma créativité. C'est durant cette période que j'ai changé le style de ma musique sans trop m'en éloigner. Mon premier album était un mix de ce que j'avais pu découvrir et aimer au Virgin ; sur les treize chansons du deuxième, *Huzalwa*, quatre te sont entièrement consacrées. Je me suis mis à composer et à écrire pour toi. Tu étais devenu ma principale source d'inspiration. J'ai fini par t'emmener partout avec moi. Comme tu étais du genre remuant, cela n'aidait pas à la concentration pendant les réunions.

– Je viens avec mon fils ou je ne viens pas !

C'était à prendre ou à laisser.

Les gens du village t'ont toujours considéré comme un petit « métis » parce que ta maman est originaire de Vouvouni et non d'Ouellah. C'est te dire qu'ils peuvent parfois avoir une approche singulière de la vie : une heure de voiture seulement sépare ces deux villages et ils te considèrent comme un enfant de sang mêlé venu des antipodes. La communauté comorienne n'était pas davantage en mesure de comprendre les raisons qui pouvaient conduire un homme à s'occuper de son fils comme je m'y employais chaque jour. Ce n'était pas mon rôle, et la marque d'une faiblesse coupable. Qui donc portait la culotte à la maison ? Nous avons longtemps fait l'objet de gorges chaudes et je ne pense pas me tromper quand je t'affirme que cela continue aujourd'hui. En choisissant de travailler, Maeva m'a mis devant le fait accompli ; en même temps, elle m'a fait un cadeau merveilleux : celui de pouvoir veiller sur toi. C'est grâce à elle que s'est créée entre nous cette relation si tendre, si parfaitement confiante qu'elle ne peut ressembler à aucune autre. Tu es une part de mon âme, Kemin. Cette période de notre vie, celle de ta petite enfance, m'est infiniment précieuse. Lorsque je traverse des moments de doute et de tristesse, c'est celle-ci que je choisis de me remémorer. Même lorsque Maeva a cessé de travailler pendant un an, j'ai voulu continuer de partager ton quotidien. C'est avec moi que tu es allé passer ton premier bilan de santé. On a d'ailleurs accumulé toute une série de « premières fois » ensemble. C'était l'un de nos jeux. J'ai été de toutes les kermesses, de toutes les sorties d'école.

– Mais elle est où, ta maman ? te demandaient toujours les maîtresses qui n'étaient pas habituées à voir un papa si présent.

Tu avais cinq ans quand l'une d'entre elles m'a convoqué dans son bureau.

– Ce serait quand même bien que vous l'ameniez à Necker, l'hôpital des enfants malades. Kemin n'écoute pas. Ou alors, il n'entend pas bien. Je ne sais pas. Et il est impossible de le faire tenir en place… Il vaudrait mieux le faire examiner.

Je suis rentré, j'étais perdu dans mes pensées au milieu du flot des voitures. Cette femme avait-elle essayé de me faire comprendre quelque chose ? C'est ce que me dictait mon intuition mais je ne voyais pas à quoi elle pouvait faire allusion. Qu'est-ce qui te différenciait des autres enfants de ton âge, Kemin ? Quand j'y réfléchissais bien, il me semble que tu avais en effet quelques difficultés à t'exprimer : les mots s'échappaient trop vite et ils se bousculaient parfois. Fallait-il vraiment aller consulter pour si peu ? Cela finirait bien par s'arranger. D'ailleurs, quand j'ai détaillé à Maeva l'entretien que je venais d'avoir avec l'enseignante, elle s'est montrée tout aussi sceptique que moi :

– Non mais quelle idée ! Ton fils, il entend comme toi et moi !

J'ai eu le plus grand mal à la décider de nous accompagner à Necker. Là, il nous a été conseillé de te faire suivre des séances chez un orthophoniste. Pourquoi n'ai-je pas insisté afin de te faire passer une IRM ? On aurait vu. On aurait su. Mais rien n'était à même de nous inquiéter, ton état n'était pas indicateur du moindre signal alarmant – au contraire : je voyais grandir un garçon qui, au fil des mois, perdait les rondeurs de la prime enfance. Ta croissance était des plus normales, une courbe sur ton carnet de santé en attestait. Tu étais rieur et taquin. Tu t'es précipité vers ton premier vélo et l'as enfourché tel un guerrier sa monture.

Peur de rien.

À six ans, tu es entré au CP. C'était en septembre. Ton petit frère Amil était né trois ans plus tôt. Peut-être, à cette époque, une part importante de mon attention s'étant tournée vers lui, as-tu souffert de sa venue. J'étais si accaparé par mon boulot que malheureusement je n'ai pas vu passer sa petite enfance. Par mon boulot et par toi. Quelque chose me disait que c'est à toi que je devais donner toujours plus. Que si tu rencontrais des problèmes, aussi bénins fussent-ils, c'était à moi de les résoudre. Sauf qu'à la fin de l'année scolaire le problème n'était plus bénin : l'école nous proposait un redoublement !

– Attendez, vous voulez que mon fils redouble le CP ?

Je me refusais de voir les choses en face. Accepter que mon fils redouble, c'était considérer qu'il y avait problème. Pas question. J'étais persuadé qu'en m'investissant encore davantage j'allais parvenir à tout régler.

– Mon fils ne redoublera pas son CP !

Je n'ai pas obtenu gain de cause. Je pensais que le sport allait tout arranger ; un sport d'équipe, c'était la solution qui allait permettre de tout surmonter : je t'ai inscrit dans un club de basket. Et puis, il s'est produit un événement dont la portée s'est révélée incommensurable. Je t'accompagnais à l'école quand nous avons croisé un petit garçon et son père. J'ai entendu le petit garçon lui dire :

– Tu vois, lui, il ne sait pas lire…

Ça, c'est dur. Je venais de prendre conscience que tu ne savais pas lire alors que n'importe quel enfant de ta classe en était capable. Je me suis investi encore davantage. On allait au cinéma, au parc, à Disneyland. Je me proposais d'accompagner les enfants lors des sorties scolaires parce que je savais que cela te faisait plaisir. L'une d'entre elles nous a conduits au musée du quai Branly. La maîtresse aussi était contente de ma présence, elle savait que tu aurais du mal à suivre. J'allégeais sa tâche. Sur le parcours, au fil des œuvres exposées, peintures et sculptures, les enfants posaient des questions. Tu posais les mêmes alors que la maîtresse venait de leur répondre. Quand cela s'est produit encore une fois, elle m'a regardé en inclinant légèrement la tête sur le côté, les paumes tournées vers le ciel, avec une expression désolée mais invitant à considérer l'évidence. Et là, j'ai compris.

Tu n'appréhendais pas les choses. À la fin de ton second CP, on t'a orienté vers une CLIS, une classe d'intégration pour enfants en difficulté. Ta mère et moi, on est restés sonnés. Tu savais te servir d'un ordinateur, faire du vélo, marquer des paniers, danser sur du Koffi Olomide et imiter Michael Jackson : qu'allais-tu faire dans une CLIS ? Tu étais aussi un petit garçon extrêmement débrouillard. Je t'ai emmené un soir assister à l'un de mes concerts, c'était à Melun. Tu es parvenu à échapper à la surveillance de mon oncle Hassan, tu as traversé la foule, puis les loges, tu as trouvé l'escalier qui conduisait à la scène et tu m'y as rejoint. Tu portais un survêtement rouge à bandes blanches, une casquette dont la visière était tournée vers l'arrière, à la manière des rappeurs. Tu es venu jusqu'à moi, les bras écartés, avec un je-ne-sais-quoi dans les yeux qui ressemblait à du bonheur, et cela m'a chaviré. Les gens riaient. Ils ignoraient qui était ce petit garçon. Je leur ai dit :

– C'est Kemin, c'est mon fils !

J'étais tellement fier de toi.

Quelques mois après, j'ai fait la découverte d'un autre univers. Celui d'enfants rencontrant de graves difficultés physiques et comportementales. Ce qui n'était pas ton cas, Kemin : tu respirais la santé. Tu t'es retrouvé au milieu de gosses qui ne parvenaient plus à marcher. Qui étaient incapables de soulever un plat. On nous a proposé une panoplie de mesures. C'est une voiture spécialement aménagée qui venait te chercher sur le seuil de notre porte chaque matin : certains de tes camarades y prenaient place en fauteuil roulant. Je me suis dit que ce ne serait jamais ton cas. Un jour ou l'autre, tu allais réintégrer le circuit de la grande majorité des gamins de ton âge. Et puis, durant l'été 2007, tu es parti en vacances à Marseille, chez tante Kenya, où t'attendaient tes cousins et cousines. Maeva et moi devions rester à Paris

– le boulot, encore. Tu étais en train de te baigner quand tu es tombé. Et tu n'as pas été capable de te relever. Tu venais de faire un arrêt cardiaque quand un pompier t'a sauvé de la noyade. Ton cœur a de nouveau cessé de battre durant ton transfert à l'hôpital…

Ta maman travaillait quand elle a reçu un appel de Marseille. Elle a tenté de me joindre. Encore et encore. Je produisais Zaïko Langa Langa, un groupe congolais, et on tournait le clip d'un des titres de l'album quand Maeva m'a appelé. Mon téléphone n'a pas sonné, la batterie était vide. Je suis rentré à la maison vers vingt et une heures, je l'ai rechargée. J'avais un nombre de messages anormalement élevé. De ma belle-sœur, d'abord :

– Où es-tu ? On n'arrive pas à te joindre… Rappelle, c'est urgent !

De Maeva, ensuite. En pleurs :

– Kemin a eu un accident. Il est dans le coma. Je suis dans le train pour Marseille. Rappelle-moi. Vite !

Je me suis effondré, mes forces m'avaient abandonné. Au bout de quelque temps, quand ça s'est arrêté de tourner, j'en ai réuni suffisamment pour rappeler Maeva. Elle était à l'hôpital.

Ta maman tentait de me rassurer alors qu'un appareil égrainait derrière elle, chaque seconde ou presque, un discret signal sonore. Je savais quelle serait la réponse à ma question, je l'ai quand même posée :

– C'est quoi, ce que j'entends, là ?

– C'est Kemin, ton fils ! Il est maintenu en vie par des machines…

Je n'ai pas fermé l'œil jusqu'au petit matin. Je suis resté affalé sur le canapé, je n'ai pas retiré mes chaussures, je ne me suis pas déshabillé. Je ne me suis pas changé non plus pour aller prendre le premier train ; il était cinq heures. En fin de matinée, un cousin est venu m'attendre à la gare Saint-Charles. Une voiture a pris la direction des quartiers Nord, je n'ai pas gardé le souvenir de son conducteur. Arrivé à l'hôpital, je t'ai trouvé bardé de tuyaux. J'ai pris Maeva dans mes bras, je l'ai serrée longtemps. Puis quand j'ai senti que j'en étais capable, je me suis approché de toi. Un drap très blanc te recouvrait jusqu'en haut du torse. Tu étais immobile et absent.

– 12 –

Tu as été maintenu dans un coma artificiel pendant huit jours. Tu avais sept ans et il fallait déjà surveiller les battements de ton cœur à chaque instant. Ta maman et moi sommes restés trois semaines à Marseille, nous rendant chaque jour à ton chevet. Ce séjour m'a permis d'apprécier la force d'appartenir à une communauté. Compte tenu de la gravité de la situation, la famille – ma mère, mes oncles et tantes, les cousins – et la communauté – les amis, les voisins, les proches de nos proches – nous a pris en charge ; ainsi, à notre détresse n'est jamais venue s'ajouter la solitude. À tout instant, Maeva et moi nous sommes sentis entourés et aimés. Plus fort que jamais. Avec, toutefois, un regret. Quand, comme moi, un individu est habitué à se débrouiller seul depuis l'enfance, quand il a vu son père défier les uns et les autres à la scène comme à la ville, l'apitoiement d'autrui lui est insupportable. Le soutien que j'ai reçu m'a permis de rester debout, de garder le cap. Mais il me faisait regretter, du moins avais-je cette sensation, que nous ne soyons pas aussi soudés, aussi forts dans la célébration et la joie ; je regrettais d'avoir dû connaître le malheur, l'épreuve pour réaliser la force incroyable, le lien indéfectible qui nous unissait ! Malheureusement, en dépit de leur bienveillance, de leur soutien et de leur présence, ni la famille ni la communauté ne pouvaient se substituer à moi dans le combat que j'avais décidé de mener contre la maladie : aucun des nôtres ne pouvait partir en guerre comme je l'entendais. C'est un peu comme si, face à Tyson, mes supporters n'étaient pas là pour m'aider à le mettre K-O mais pour ramasser mes morceaux. Ils ignoraient que rien ne me mettrait en morceaux désormais. Je n'allais plus m'effondrer. Je leur en voulais de leur manque de détermination. Je les trouvais tièdes. Aimants mais résignés. Et personne de comprendre autour de moi pourquoi je ne tombais pas. Voilà qui interrogeait notre communauté. J'avais envie de hurler à tous : « Ce combat, je vais le gagner. Alors cessez de me plaindre ! Encouragez-moi, plutôt ! »

Mais ce n'est pas la tradition. À la Grande Comores, l'on ne procède pas ainsi…

Je me souviens du jour où tu as quitté l'hôpital Nord. Tu étais en pleine forme. Moins d'une semaine plus tard, tu t'es mis à loucher. Nous avons pensé, Maeva et moi, que c'était la conséquence la plus visible de tes deux arrêts cardiaques. Puis d'autres symptômes se sont manifestés ; il t'arrivait de perdre soudain l'équilibre. C'était la fin du mois d'août, l'hôpital Nord de Marseille nous a orientés vers l'hôpital Robert-Debré à Paris. Je nous ai décroché un rendez-vous en novembre, un vendredi, à quatorze heures trente ; ton dossier nous a précédés. Au jour dit, une famille patientait quand nous sommes arrivés. On est restés là longtemps. Personne ne prononçait un mot dans la salle d'attente. J'ai regardé ma montre de plus en plus souvent. Je devais aller chercher Amil à l'école. Une porte s'est ouverte, le Dr Schift a raccompagné un couple et son enfant jusqu'à un couloir. Je l'ai intercepté alors qu'il revenait sur ses pas :

– On ne va pas pouvoir rester, je suis désolé. Je dois aller chercher mon autre fils à l'école…

– Non ! Restez, monsieur Msaïdie. Je vais vous recevoir bientôt…

Moi, j'insistai pour partir. Pourquoi pas un autre rendez-vous, un autre jour ?

Alors, il s'est tourné vers la famille qui s'était déjà levée et, nous désignant :

– S'il vous plaît, laissez-les passer…

Il nous a fait pénétrer dans son bureau. À l'évidence, cet homme avait décelé quelque chose d'alarmant et il tenait à nous en faire part sans tarder. J'ai senti ma gorge se serrer quand il a appliqué des radios sur un écran lumineux. Puis il s'est tourné vers nous.

– Vous voyez ces taches blanches, là et là ?

Il désignait des points pas plus gros que des têtes d'épingle logés dans ton cerveau, Kemin.

Le médecin a précisé ne pas être « sûr à cent pour cent » ; puis, après avoir marqué un infime temps de silence, et pesant chacun de ses mots :

– Votre enfant est probablement atteint d'une maladie génétique. Mais je ne suis pas un expert dans ce domaine. Prenez rendez-vous avec le Pr Aubourg, à Saint-Vincent-de-Paul. Il pourra vous dire ce qu'il en est…

J'ai vu à son expression que je n'avais pas pris la pleine mesure de ce qu'il venait de m'annoncer. J'étais pressé d'aller chercher Amil, je ne me suis pas concentré sur ses mots. Je ne lui ai pas même demandé de les répéter, chaque minute comptait, on allait tomber dans les embouteillages. Il a griffonné quelques mots sur ton carnet de santé, je n'ai pas pris le temps de les lire, nous sommes partis.

Ta maman a toujours placé sa confiance dans le merveilleux et, selon elle, il n'y avait aucun doute, la chance, ou tout simplement un miracle, allait terrasser ton mal. Tu allais vite te remettre, c'était une certitude. Quant à moi, il m'était impossible d'accepter, non plus l'existence de ta maladie, mais sa gravité. Et puis, un soir, vous étiez couchés, je suis allé chercher ton carnet de santé dans un tiroir. Je me suis installé devant l'ordinateur et j'ai lu ce qu'avait consigné le Dr Schift : « Probable adrénoleucodystrophie. » J'ai composé un à un les caractères de ce mot mystérieux ; Google m'a renseigné moins d'une seconde plus tard :

« L'adrénoleucodystrophie liée à l'X (ALD) est une maladie qui se manifeste par une démyélinisation progressive du système nerveux central ou une insuffisance surrénale périphérique ».

Cela ne me parlait guère, mais suffisamment pour comprendre que tu étais en danger. J'ai poursuivi mon exploration durant des heures. En lisant sur le Net les symptômes de la maladie, je n'en reconnaissais aucun dont je pouvais dire avec certitude qu'il t'affectait. Je n'identifiais pas non plus chez toi les caractéristiques de son évolution telles que décrites à longueur d'articles. Mais j'étais anéanti.

Je suis resté hanté pendant des jours.

Et je n'ai rien dit à Maeva. Pendant trois mois.

Chacun de tes pas devenait plus pénible que le précédent. Tu souffrais. Nous étions en février 2008 et je n'avais pu obtenir un rendez-vous avec le Pr Aubourg avant le 9 mars, dix heures.

La secrétaire m'avait prévenu :

– Ne soyez pas en retard !

Bien sûr, Kemin, qu'on n'allait pas être en retard ! Le 9 mars, pour moi, c'était dans une éternité : on avait le temps de se préparer. Ç'a été interminable de vivre jusque-là. L'attente. Le doute. Et les questions, toujours les mêmes, qui n'appelaient aucune réponse ; j'avais l'impression de ressasser. Je te couvais comme une poule son poussin. J'en faisais trop. Cela n'a pas échappé à Maeva ; elle m'a demandé pourquoi j'étais « toujours sur ton dos ». Jusqu'au jour où elle t'a mis sur ton trente-et-un pour notre rendez-vous à Saint-Vincent-de-Paul. Un homme d'une soixantaine d'années, lunettes, pull noir, un peu austère, nous a invités à pénétrer dans son bureau. Tu jouais avec ta console de jeux. Les présentations sitôt terminées, il t'a désigné la porte.

– Maintenant, jeune homme, dehors !

Le Pr Aubourg a refermé derrière toi, tu as été pris en charge ; il nous a fait nous asseoir. Une psychologue était présente lors de l'entretien, elle est très peu intervenue. Après avoir consulté divers dossiers, observé, les yeux plissés, des radios qu'il positionnait face à la lumière, puis lu le rapport de son confrère, le Pr Aubourg s'est penché vers nous.

– Pourquoi « probable adrénoleucodystrophie » ? Pourquoi « probable » ? La maladie n'est pas probable, elle est certaine ! Elle est là et il le sait bien, ce confrère. Il ne s'agit pas d'une « probabilité ». Alors, pourquoi ?

Il semblait toujours irrité quand il a poursuivi :

– Le diagnostic est confirmé. Votre enfant est atteint d'une saloperie contre laquelle je me bats depuis des années. Vous allez voir, tout ce qu'il sait et peut encore faire, bientôt, ce sera fini. Vous n'allez plus le reconnaître.

Le Pr Patrick Aubourg est à l'origine, avec un professeur américain, de la découverte de l'adrénoleucodystrophie ; il fait autorité. S'il n'y est pas allé par quatre chemins, c'est parce qu'il est comme ça : cash ! Ta mère et moi nous sommes regardés. Le professeur a repris :

– Cela fait trente ans que je cherche. Trente ans que je m'acharne et elle a toujours le dessus. Je cherche et je ne trouve pas…

– Je n'y crois pas ! a lâché Maeva.

Elle avait eu du mal à articuler ces quelques mots.

– Mais il le faut pourtant, madame !

– Croyez-vous aux miracles ? a tenté Maeva.

– J'aimerais croire aux miracles. Mais en trente ans de carrière, je n'en ai vu aucun…

Je n'avais plus qu'une question en tête, elle m'obsédait.

– Est-ce qu'il va souffrir ? ai-je osé demander.

– Non, il ne souffrira pas. Bientôt, il n'aura plus aucune conscience de son état…

Le Pr Aubourg pensait me rassurer ; il n'a fait qu'augmenter mon inquiétude : allions-nous ainsi perdre tout contact ? Par la force de sa seule foi, Maeva parvenait parfois à me redonner espoir. Elle croyait aux vertus de la prière et de nos traditions ancestrales ; peut-être, grâce aux effets conjugués de l'une et des autres, allais-tu guérir. Tu continuerais de marcher, tu ne perdrais pas l'usage de la vue ni celui de la parole. Tu redeviendrais un enfant « comme les autres ».

Le Pr Aubourg répondait à chacune de mes questions par courrier, c'était sa façon d'être toujours à nos côtés. J'ai appris à le connaître ; il était en colère contre la maladie – cet homme est loin d'être indifférent à la souffrance des familles et des patients. C'est lui qui nous a conseillé de rejoindre l'association ELA, parrainée par Zidane et Platini. Elle nous a permis d'échanger avec des familles qui vivaient le même enfer que nous.

Des examens sanguins nous ont appris que le gène de la maladie se situait du côté de la famille de Maeva. l'adrénoleucodystrophie peut sauter des générations ; elle touche tant les filles que les garçons, mais nul ne se souvient à Vouvouni d'un enfant atteint d'un mal aussi étrange que le tien. Tu aurais aussi pu être porteur de ce gène sans jamais développer la maladie.

Nous avons été pris en charge par l'équipe du Pr Aubourg. Des neurologues nous ont expliqué les différents stades de l'adrénoleucodystrophie ; tous nous ont recommandé de ne rien changer à notre mode de vie ou à nos projets. Il était impossible de dire à quelle vitesse la maladie allait évoluer. Et rien à l'horizon qui aurait pu nous permettre d'espérer de la science. Les symptômes qui nous avaient été décrits sont apparus peu à peu. Moi, pendant ce temps-là, je continuais de produire des musiciens. Ce n'est pas à eux que j'allais faire part de mes soucis ; la majorité est préoccupée de son seul ego. Maeva n'ayant pas son permis de conduire, je t'ai accompagné à tous tes rendez-vous. Nous étions prêts à nous raccrocher à n'importe quoi. Ta maman et moi sommes même parvenus à nous convaincre que le Pr Aubourg était dans l'erreur. Une psychothérapeute qui te recevait chaque semaine nous a entretenus dans cette illusion. Pour elle, il s'agissait des « conséquences d'un choc psychologique ». Le processus pouvait être inversé. Un jour que je t'aidais à gravir l'escalier conduisant à son cabinet, elle m'a interpellé :

– Laissez-le se débrouiller ! Il n'est pas malade…

J'ai vacillé souvent. Je suis tombé parfois. Mais je me suis toujours relevé. Maeva a choisi de quitter son travail pour te consacrer tout son temps. La CLISS nous appelait souvent. Un jour, tu n'as plus été capable de rejoindre ta classe qui se trouvait au premier étage ; un autre, tu étais à la cantine, tu n'es pas parvenu à porter ton plateau. La directrice nous a convoqués.

– Nous n'allons plus pouvoir garder votre enfant…

Elle ne nous a pas proposé la moindre solution de remplacement. Le nom d'un établissement, une adresse, un numéro de téléphone. Rien. Nous avons fini par nous résigner. C'est au début du ramadan que Maeva a décidé de s'envoler vers les Comores avec toi pour « explorer d'autres pistes ». Ton regard avait encore changé peu avant votre départ ; mais tu parvenais encore à t'alimenter seul. Un soir, j'ai téléphoné.

– Rappelle-moi plus tard, là je ne peux pas, je suis en train de donner à manger à Kemin, m'a expliqué ta maman.

J'ai vacillé souvent. Je suis tombé parfois. Je me suis toujours relevé. C'est un uppercut qui venait de me cueillir ; j'ai encaissé. Idem lorsque j'ai appris que tu maigrissais à vue d'œil malgré les soins attentifs de ta maman et des siens, les massages et la médecine traditionnels. Les marabouts étaient unanimement confiants : tu allais guérir. Il fallait patienter. En attendant, tu devenais de plus en plus confus et agressif. Puis, quand tes jambes n'ont plus du tout été en mesure de te porter, j'ai reçu un direct au foie : Tyson marquait des points. Il n'allait pas l'emporter pour autant.

– Il faut rentrer, Maeva. Revenir. Maintenant !

Vous deviez vous présenter à l'aéroport trois heures avant le décollage, le ramadan n'était pas achevé, la compagnie aérienne avait fermé son comptoir plus tôt qu'à l'accoutumée. Impossible d'embarquer. Vous n'avez eu d'autre choix que celui de prolonger votre séjour d'une semaine. À la fin de celle-ci, tu ne t'exprimais plus. Quand je t'ai accueilli à l'aéroport, tu n'as pas été en mesure de dire « papa ». Ta perte de poids m'a effrayé, tu poussais des cris quand tu as cherché à échapper à Maeva pour me rejoindre. Tu serais tombé si elle t'avait lâché. Je t'ai serré dans mes bras.

– Viens, Kemin, on rentre à la maison !

*

* *

Tu ne t'es bientôt plus déplacé qu'en poussette. Puis, comme elle ne t'était pas parfaitement adaptée, en fauteuil. Nous avons cherché un nouvel établissement. Malgré les gens formidables qui nous ont aidés, je suis allé de fausse piste en fausse piste. D'espoir en espoir, toujours déçus.

Nous sommes retournés à l'hôpital Robert-Debré où un médecin tenait à nous rencontrer, le Dr Passemard. Nous avons attendu trois heures ; cette femme venait de perdre son père, et pourtant elle a tenu à recevoir tous ses patients avant de quitter son poste.

Elle semblait bien connaître la maladie.

– Ses fonctions vont continuer de s'amenuiser, mais peut-être grâce à la stimulation parviendrons-nous à regagner un peu de terrain.

Nous avons été adressés au Dr Gouraud, à Champigny. Un médecin orthopédiste de la Croix-Rouge, plus habitué aux enfants accidentés qu'à ceux atteints d'une maladie génétique. Quand il t'a vu, sa réaction a été :

– Ce n'est pas possible ! On ne peut pas le laisser comme ça. Il faut lui trouver un établissement adapté…

Il s'est investi, nous a remis une liste de centres qu'il a fini par appeler lui-même. Chaque fois que je me rendais dans l'un d'entre eux, j'éprouvais un sentiment d'injustice. Ton état restait bien meilleur que celui de nombre d'enfants que j'ai croisés. Mais à chaque nouvelle tentative, un nouveau refus : ta maladie étant encore appelée à évoluer, elle faisait peur et personne n'était disposé à te prendre en charge.

Un établissement kiné-pédiatrique d'Eaubonne a fini par t'accepter. C'était kiné le matin, psychomotricité l'après-midi. Je t'accompagnais chez le psychologue, aux examens neurologiques et lorsqu'il te fallait passer des tests sanguins à la demande du Pr Aubourg ; chez l'ophtalmo, aussi : ton champ visuel s'était restreint plus vite que prévu. J'ai toujours été là auprès de ta maman et toi. Je ne sais pas trop comment je conciliais mon boulot et ces multiples rendez-vous. Comme si j'avais plus que jamais besoin d'interpréter et produire de la musique, moi qui ne savais plus lire dans tes yeux…

Je me suis rendu à Marseille où j'ai informé la famille de ton état. Personne n'a semblé mesurer l'étendue du désastre et l'enjeu final. Pour eux ce type de maladie ne pouvait exister. C'est sans doute la raison pour laquelle j'ai dû affronter le regard dur et cruel de certains. Une voisine, qui t'avait connu turbulent, nous a dénoncés à la DDASS, Maeva et moi, pour « mauvais traitements à enfants ». Elle était persuadée que je te battais. Tes petits voisins africains ont espacé leurs visites, puis ils ne sont plus venus te voir. Tu étais ensorcelé. Tu portais le mauvais œil. Je me sentais incompris tant de la culture africaine que de la culture occidentale. Ou plutôt je constatais qu'aucune médecine ne pouvait te soulager. Un jour, l'employée d'une administration dédiée à l'enfance m'a dit :

– Mais monsieur, laissez-le partir tout seul !

« Laissez-le mourir », voilà ce qu'elle me suggérait.

Je veux qu'elle sache que, huit ans après, tu es toujours là.

– 13 –

C'était il y a huit ans, je crois : nous revenions d'une séance chez le kiné, tu ne marchais plus du tout, tu étais dans un fauteuil et tu n'arrivais plus à aligner deux mots à la suite. Ta vision ne te permettait plus de te situer avec précision dans l'espace et tu te cognais de plus en plus souvent ; cette fois, tu t'es heurté au chambranle de la porte du salon. Et tu m'as demandé :

– Mais qu'est-ce que j'ai, papa ?

Où es-tu allé chercher ces mots ? Moi, je n'ai pas trouvé les miens. Je n'ai pas su te répondre et j'en suis toujours incapable. Attends-tu encore ma réponse ? Je t'ai raconté tous mes voyages et je t'ai chanté toutes mes chansons. Je t'ai fait découvrir l'Afrique, ce continent que je porte en moi et où le temps s'écoule à un rythme qui lui appartient. Tout cela en ignorant si j'avais encore accès à ta conscience. Que perçois-tu encore du monde qui t'environne ? Je ne sais si tu me vois encore mais je sais que tu m'entends. Quand je te dis « C'est papa », tu sais que c'est moi. Je le sens. Tu as totalement perdu l'usage de la parole en 2009. En un an, toutes tes facultés ont fini de t'abandonner. Celle-ci a été la dernière à te faire faux bond.

Ç'a été dur quand Tyson a pris l'avantage.

À ces difficultés venaient s'en ajouter d'autres, d'ordre financier. Les factures impayées s'accumulaient, les huissiers venaient sonner à notre porte. Je n'allais pas leur dire ce que nous vivions au quotidien. Maeva et moi, on ne voulait rien leur demander. Pas même pitié. On ne voulait pas montrer qu'on était malheureux. Pendant trois ans, nous nous sommes battus pour te faire accepter par un établissement ; c'était sans issue. Je me suis réfugié dans la musique. C'était ma façon à moi de m'enivrer et de trouver l'oubli – au moins pendant quelques heures. Maeva a compris à quel point j'avais besoin de cela, je ne l'en remercierai jamais assez. La musique a été mon salut. J'ai produit de grands artistes. J'ai pris des risques. Ç'a été ma façon de ne pas sombrer. Ta maman a choisi la prière. Aujourd'hui encore, elle est certaine que tu vas guérir. Moi, je me contente d'espérer. J'ai la foi. Je suis un croyant qui connaît les pouvoirs de l'animisme – j'en ai été le témoin quand mon père était mourant. J'ai vu les djinns, j'ai vu les forces de Dieu et je sais le pouvoir de la prière. Mais j'ai aussi lu des rapports scientifiques. Je suis à la croisée de ces chemins. Et je m'efforce de ne pas oublier que je suis un homme pragmatique.

La musique me permet d'avancer encore, tu es ma source majeure d'inspiration. De ce que nous avons vécu ensemble, je n'évoque que le bon et le beau. Mes chansons racontent la vie, l'islam, l'animisme, les traditions africaines et l'Occident. Quand je chante « Mungu », quand je parle de Dieu ou de ELA, je parle de toi. Tu es le centre de mon univers. Cette épreuve aurait pu nous séparer, Maeva et moi ; elle a renforcé nos liens. Amil, lui, voit toujours en toi un grand frère fort et beau. Tu es son héros. Si ta maman vient à s'absenter, c'est lui qui prend le relais. Parfois, il se cache pour te parler, je le sais ; mais sois certain que jamais je ne viendrai m'immiscer dans vos secrets. Ton frère n'a jamais eu pour toi un mot rabaissant. Pendant trois ans, vous avez partagé la même chambre ; il se réveillait chaque matin en constatant que ton état avait empiré depuis la veille. Il ne s'est jamais plaint. N'a jamais rien demandé. Toujours attentif. Toujours soucieux. Toujours aimant…

Peut-être es-tu tenté, Kemin, de me demander si ces événements ont consolidé ma foi. Et à cela, je te répondrai non. Parce que je n'ai jamais douté. J'en ai toutefois retiré une conviction : nous sommes sur cette Terre pour nous rendre utiles. On m'a aidé. Je me suis aussi heurté à l'indifférence. J'appartiens à une communauté musulmane, africaine, ancrée dans le traditionalisme. J'attendais d'elle une force spirituelle et intellectuelle que je n'ai pas trouvée. Ceux qui m'ont soutenu, pour la plupart, n'appartenaient pas à cette communauté : ils étaient français ou asiatiques.

J'ai aussi rencontré des escrocs parmi eux. Je garde en mémoire ce rendez-vous, porte Maillot, où nous sommes arrivés sous une pluie battante. Ce « spécialiste » qui avait été recommandé à Maeva par un ami toulousain n'avait même jamais entendu parler de l'adrénoleucodystrophie. Il a extrait un dictionnaire d'une étagère, a laissé son doigt courir sur l'une de ses pages, a sorti son ordonnancier et t'a *illico* prescrit un traitement. Tu ne marchais déjà plus. J'avais galéré pour me garer boulevard Gouvion-Saint-Cyr. Mais c'était sans importance : j'étais persuadé que, cette fois, c'était la bonne. On allait s'en sortir. La médecine chinoise allait réussir où l'occidentale avait échoué. Moins d'une demi-heure plus tard, j'ai fait un chèque et on est repartis. Je t'ai porté sur mes épaules ; tu avais huit ans et tu étais déjà un gaillard, les passants s'étonnaient quand ils nous croisaient. Quelques minutes plus tard, quand je t'ai posé pour chercher mes clefs de voiture, tu m'as dit :

– Pardon, papa !

Toi que les mots avaient abandonné, tu t'excusais de ne plus être en mesure de marcher. D'être un fardeau…

Le cabinet de ce spécialiste m'a harcelé pendant des mois afin de me faire acheter un traitement qui, assurément, était le seul susceptible de vaincre ton mal. À moins de s'en remettre à de mystérieux rituels, comme Maeva a entrepris de le faire.

Les Comoriens vénèrent l'islam mais chacun a ses croyances et recourt à des pratiques magiques, qu'elles soient bantoues, malgaches, arabes ou autres. Ma grand-mère Marahaba, qui avait recueilli Mdjaza Daho et Mama Be lorsqu'elles étaient enfants, vivait au contact de djinns : des esprits proches du vaudou haïtien. Elle a eu deux fils, mes oncles, Saïd et Aziz ; ils étaient les chefs des djinns. Les deux frères accueillaient des élèves le jeudi, et les villageois qui croyaient en leurs pouvoirs venaient les consulter ce jour-là, l'après-midi. Seuls leurs disciples étaient habilités à prendre part à ce qui se passait ensuite. En général, si je traînais dans ses jambes, ma tante me renvoyait. Mais il m'est arrivé d'assister à des cérémonies durant lesquelles des animaux ont été sacrifiés. Des signes qui n'évoquaient rien pour moi étaient peints sur le poil d'une chèvre – pas n'importe quelle chèvre : on était allé la chercher à trois heures de marche. Elle devait être d'une couleur précise selon la nature des rituels, présenter telle ou telle particularité ; le plus souvent une tache sur l'œil, le flanc ou la croupe : les critères étaient nombreux et précis, la sélection, impitoyable, comme le sort réservé à la biquette. Durant ces rituels dédiés aux djinns – note bien, Kemin, qu'il s'agit là de pratiques réprouvées par l'islam –, des épices spéciales étaient consommées et des gâteaux, préparés à l'usage exclusif des maîtres. Ils quittaient leur enveloppe charnelle, embarquant pour des voyages mystiques dont ils revenaient hébétés. Parfois, ils se réunissaient durant la nuit sous un arbre aux pouvoirs étranges où étaient célébrés des rites initiatiques. Mes oncles étaient vénérés. J'ai assisté aux préparatifs de ces cérémonies durant lesquelles, au village, chacun les a vus se couper la langue. Était-ce de la magie ? Moi, je n'étais pas là pour le voir, Mama Be me faisait dégager avant ; mais je crois en ce que l'on m'a montré : j'ai vu mon père mourant capable de se lever pour aller fracasser de son poing une armoire métallique et cela m'a marqué à vie. Je ne peux pas balayer cela d'un revers de la main.

L'on s'éloigne de la science parce qu'elle se montre plus souvent cruelle que rassurante. Elle ne dit pas les choses, elle les assène. Elle les impose. Avec la religion, il te faut accéder à la connaissance pour être rassuré ; mais quand la science vient à trancher, c'est sans appel. Alors Maeva et moi, on se raccrochait comme on pouvait à tout ce qui offrait prise à l'espoir.

On restait suspendus aux propos des uns et des autres. Des médecins, des psys, de tous ceux que nous avions l'occasion de côtoyer, les neurologues comme les chauffeurs de bus. En revanche, je te l'ai dit, il était inutile de chercher une oreille attentive du côté des musiciens ; j'étais là pour eux, à leur service en quelque sorte, mieux valait laisser tout ça à la maison. Comme j'avais une autre casquette, celle de producteur, c'est dans cette corporation que j'ai trouvé la meilleure qualité d'écoute. Je pense en particulier à Clémence de Bodinat. Mes clients, eux aussi, ont fait montre d'empathie et de solidarité. Henri, que l'on appelait « BH », tenait la plus belle boutique de musique africaine à Strasbourg-Saint-Denis. Il connaissait notre histoire et a toujours positionné mes produits bien en évidence dans sa vitrine. Un vieux boutiquier juif de la Gare de l'Est en a fait autant. Et d'autres encore. J'étais producteur des plus grands groupes de musique africaine, j'avais besoin de multiplier ce type de points de vente : la demande était là. À la Fnac, les ventes baissaient…

Parmi les artistes avec lesquels j'ai travaillé, il y en avait un, considéré sur l'ensemble du continent africain comme un dieu vivant, qui ne m'a jamais trop posé de questions sur ta maladie mais s'est toujours montré attentif à ton sort. C'est Jules Shungu Wembadio Pene Kikumba ; autrement dit : Papa Wemba. Chanteur, musicien, auteur-compositeur et acteur, le fondateur de Viva la Musica a mêlé rock et rumba congolaise, ndombolo et soukous, avant de se faire interprète de world music pour le label de Peter Gabriel. La vie et le business nous ont parfois éloignés, il est toujours revenu vers moi. Et m'a toujours fait confiance.

Être le producteur de Papa Wemba m'a conduit à me sentir en permanence comme le funambule sur son fil. Il était sollicité par des politiciens de tous bords qui, soucieux de leur image, voulaient non seulement être vus avec lui, mais encore produire ses albums et ses concerts. Cela leur conférait du pouvoir. Une aura. Des voix dans les urnes. Ils étaient mes concurrents, et mes moyens, infimes comparés aux leurs. Papa Wemba n'a jamais donné suite à leurs propositions.

Avant de le rencontrer, j'étais déjà fan – c'est ta maman qui m'a fait découvrir sa musique. Et c'est Bob Maas qui m'a présenté à lui. Bob, comme moi, était producteur. Un soir, il m'a invité à Bobigny où se trouvaient ses bureaux. Ceux de Papa Wemba leur faisaient face. Bob m'a dit en s'extrayant d'un fauteuil :

– Viens, je vais te présenter quelqu'un…

Je l'ai suivi. Nous avons traversé un couloir, franchi quelques portes vitrées, puis je me suis retrouvé face à Papa Wemba. Il était là, devant moi. Et j'étais un peu déçu. Sans doute parce que j'avais en tête l'image du sapeur extravagant alors qu'il portait ce jour-là une chemise et un pantalon des plus ordinaires. Maeva m'accompagnait. Il s'est montré cordial, sans plus. Je l'ai revu un peu plus tard à l'Espace Julien, à Marseille, où il avait joué avec quelques-uns de mes amis. Et lorsque je l'ai rejoint dans sa loge, je l'ai trouvé plus conforme à sa légende, ou à mon imaginaire, je ne sais pas. Je l'ai salué et me suis adressé à lui avec tous les égards dus à son rang : j'avais le pape en manteau de fourrure bordeaux devant moi. Wemba venait de quitter la scène sous les ovations. Il resplendissait.

Il m'a sidéré quand je l'ai vu assurer la première partie d'un concert de Peter Gabriel – et le clôturer ! Papa Wemba, c'était un monstre sacré. Son statut a toujours été à part. Comme ses exigences. Il ne voulait pas lâcher la musique africaine au profit de Real World, le label de Peter Gabriel. Pourquoi l'aurait-il fait ? En Afrique, il était le plus grand. Il était adulé. On le vénérait. Papa Wemba ne pouvait concevoir de s'éloigner de ses racines musicales au profit de la tendance world du moment. C'est pourtant ce qui était prévu dans son contrat : l'intégralité de sa production devait passer chez Real World et de son boss. Mais cela n'a pas empêché Papa Wemba de signer des accords ici et là, selon son humeur, ses intérêts et ceux de l'invraisemblable cour qui l'accompagnait.

Au troisième ou quatrième album, Peter Gabriel s'est lassé. Et c'est à cette époque que Papa Wemba a rejoint l'écurie d'Henri de Bodinat, qui collectionnait dans son catalogue tous les grands noms de la musique africaine. J'en avais la charge.

Ma mission, jusqu'alors, consistait à développer les ventes de Miriam Makeba, Manu Dibango et d'autres grands comme eux. À dater du jour où Papa Wemba a signé chez Sono – la boîte avait changé de nom –, mon job a été de m'occuper de lui. Compte tenu de la fâcheuse tendance de l'artiste à papillonner, il me fallait le cadrer.

– Ça ne va pas forcément être facile, a prédit Bodinat, pensif, en se caressant le menton.

J'avais une telle passion pour Papa Wemba, je savais que je ne supporterais pas de le voir renier ses engagements. Rendez-vous a été pris dans ce même bureau avec Wemba, quelques jours plus tard.

– Papa Wemba, je te présente ton nouveau chef de projet…

Il m'a serré la main.

– OK ! On se voit quand ?

Nous nous sommes rencontrés quelques jours plus tard, au Studio Marcadet, porte de la Chapelle. La discussion a été agréable et porteuse d'idées intéressantes. Nous en sommes restés là. Puis je me suis renseigné et j'ai appris qu'il préparait un album avec un producteur africain. L'équipe commerciale m'a donné toute latitude pour empêcher sa sortie. Voilà comment ça a démarré avec Papa Wemba.

Le producteur n'avait rien enfreint ; c'est Wemba qui, fidèle à ses habitudes, s'était accordé quelques latitudes avec son contrat, très strict au demeurant. Après lui avoir adressé des émissaires de Sono, j'ai décidé de lui faire valoir les droits qui étaient les nôtres en personne. Je travaillais avec des Européens, donc j'agissais comme un Blanc : mes interlocuteurs étaient toujours étonnés quand ils découvraient la couleur de ma peau. Pour eux, Chébli, c'était arabe.

– C'est toi, Chébli ? Mais tu es un Black !

Le producteur et moi nous sommes serré la main ; à cette époque, on ne disait plus « Noir », on disait « Black », surtout dans la musique. Il m'a fait passer dans l'arrière-boutique de son magasin.

– Pourquoi tu as commencé par m'envoyer des Blancs pour régler cette affaire ? Pourquoi tu n'es pas venu toi-même ? On se serait arrangés entre Africains…

Au final, comme il ne voulait « avoir d'ennuis avec personne et surtout pas avec papa Wemba » – tels ont été ses termes –, mon interlocuteur a fini par se ranger à mes arguments : le disque n'est jamais sorti. Ma vie de producteur-manager-tourneur de Papa Wemba allait être comme ça. Tout le temps. À moi de trouver un point d'équilibre entre la rentabilité demandée par les investisseurs occidentaux de Sono et l'un des plus grands représentants de la culture africaine. J'avais un pied entre deux continents quand j'allais te rejoindre pour t'accompagner à l'un ou l'autre de nos rendez-vous.

– 14 –

Abdou est un grand marabout, il est réputé de La Réunion jusqu'aux Comores et c'est aussi un oncle de ta maman. Quand nous avons sollicité son aide, il a accepté de venir moyennant un billet d'avion aller-retour. Sa renommée est telle qu'il y avait tout un comité pour l'accueillir à l'aéroport. Beaucoup sont venus me demander comment ils allaient pouvoir le rencontrer. Sans expliquer les raisons de sa venue, j'ai indiqué qu'il séjournerait chez nous. Cela n'a pas traîné, les demandes ont afflué de Lille à Marseille et de Brest à Strasbourg. Abdou s'est installé à la maison et il y est resté un mois. Chaque jour, en notre présence, rites et prières se sont succédé à des heures précises. Tout était réglé, chaque rituel, respecté avec minutie. Nous devions nous lever à telle heure, consommer tel aliment, effectuer tel geste puis tel autre. Pendant ce temps, les cadeaux arrivaient par dizaines dans l'appartement ; toute la communauté comorienne sollicitait le temps si précieux d'Abdou afin de bénéficier de l'étendue de ses pouvoirs. Un soir, Abdou fut même appelé pour se rendre d'urgence dans l'un des DOM-TOM, j'ai oublié lequel ; il déclina poliment l'offre somptueuse qui venait de lui être faite pour continuer de nous accompagner.

Lorsque mon propriétaire est décédé, son fils m'a loué l'appartement faisant face au nôtre ; c'est là que j'ai installé mon bureau pour travailler tout en restant près de toi ; Abdou occupait une chambre attenante. Une nuit, je l'y ai trouvé tout vêtu de blanc, un livret à la main, récitant prières et incantations. Il était trois heures du matin, le respect des horaires était crucial ; il m'a fait signe de ne pas l'interrompre, je suis allé me coucher. Quelques jours plus tard, en rentrant à la maison, j'ai découvert des signes peints sur le mur du salon et je m'en suis étonné. Le marabout, me désignant son œuvre du bout de son pinceau :

– Ça, il ne faudra jamais l'effacer…

– Et le proprio ? On ne peut pas, Abdou !

– Cela ne peut être écrit sur du papier.

Nous sommes partis en quête d'un panneau de bois que nous avons appliqué sur le mur.

– Ça va aller, m'a assuré Abdou.

C'étaient des lettres de l'alphabet arabe et aujourd'hui encore, Kemin, je serais incapable de te dire quelle en était la signification. Ce panneau est resté dans l'appartement jusqu'à notre déménagement. Je n'ai posé aucune question.

La présence d'Abdou avait circulé par le bouche-à-oreille ; le défilé était perpétuel et cela a commencé de susciter des commentaires dans l'immeuble. Ceux qui voulaient le consulter étaient aussi désespérés que j'ai pu l'être en sortant de chez ce « spécialiste » de la porte Maillot. Ils arrivaient généralement par le train. Sitôt sortis de la gare, ils demandaient aux passants où se trouvait « la maison de M. Msaïdié » – ce à quoi, bien évidemment, ils n'obtenaient en général aucune réponse. Un jour, toutefois, une dame venue de l'autre bout de l'océan Indien a demandé à un habitant d'Enghien de la renseigner, et le hasard a fait qu'il me connaissait.

– M. Msaïdié ? Ah, mais oui ! Je vois très bien de qui il s'agit. Mais pourquoi voulez-vous le rencontrer ?

– On veut voir le marabout !

– Un marabout à Enghien-les-Bains ?

C'est remonté jusqu'à la mairie. L'évidence était là : j'avais installé un marabout à domicile et je faisais payer les visiteurs.

J'ai entendu Abdou affirmer à une femme sans nouvelles de son fils qu'elle allait en recevoir sous peu ; il a dit vrai. Quand j'ai objecté que c'était sans doute là le fait du hasard, il m'a répondu :

– Non ! C'est la prière, ce sont les forces qui ont fait que les choses se sont produites ainsi.

Selon lui, tu allais guérir. C'était une question de temps et de patience. Il a continué de psalmodier à chaque lever du jour devant une « eau spéciale » qui t'était destinée. Il nous a fait boire du lait. Ingurgiter du miel. Avant de partir, Abdou nous a invités à respecter le cycle des prières ; Maeva et moi avons scrupuleusement suivi chacune de ses recommandations. Ta maman était plus convaincue que je ne l'étais…

Ton état continuait de se dégrader et, pourtant, tu tenais à rester coquet. Quand Maeva ou moi voulions te faire porter un vêtement qui ne te convenait pas, tu trouvais l'énergie de dire « Pas ça ! » et nous évitions de te contrarier inutilement. T'habiller nécessitait beaucoup de temps et de patience. Un matin, je te préparais alors que nous devions nous rendre à un rendez-vous médical. Et il n'y a eu ni acquiescement ni protestation de ta part. Je m'en suis étonné. Je t'ai parlé et j'ai regardé dans tes yeux. Rien. Tu n'étais plus là. Et tu ne parlais plus. J'ai posé ma tête sur tes genoux et j'ai fondu en larmes. Maeva est arrivée furieuse dans la chambre, nous allions être en retard. Quand je me suis tourné vers elle, ta maman a vu mes yeux bouffis et les larmes qui coulaient encore. Je lui ai dit :

– Kemin ne parle plus !

Elle a couru dans notre chambre, la porte a claqué violemment et Maeva est restée enfermée dans sa douleur durant des heures. En 2009, tu as perdu dix kilos, tu n'en pesais plus que vingt : je t'ai installé dans ton fauteuil, nous sommes partis à notre rendez-vous.

Tous les gosses rêvent d'accompagner leur papa au travail, de se faire petite souris et d'observer à quoi il consacre son temps. Je vais t'expliquer à quoi je passais mes journées après t'avoir confié aux soins de ta maman ou d'Amil, et m'être engouffré dans les embouteillages pour arriver, généralement en retard, là où j'étais attendu.

En France, la stratégie marketing de Sono était conçue à destination de la Fnac et Virgin ; le problème, c'est que notre musique, on la vendait surtout en Afrique. Et à des Africains de Paris qui n'étaient pas forcément auditeurs d'Europe 1. Ici, quand tu vendais dix à quinze mille exemplaires d'un produit, tu vendais cent mille cassettes et cinquante mille CD du même produit sur le continent africain. Alors, qui devait avoir le dernier mot ? Donc j'accordais des licences et des avances au Bénin, au Congo, au Sénégal : la marge, elle était là. En m'éloignant de la direction artistique, j'ai découvert un autre métier : mes frères africains voulaient négocier avec moi. Souvent, en Afrique, les artistes sont aussi distributeurs. D'où la complexité du business. J'ai appris à rédiger et négocier des contrats. À faire des montages. Et aussi, à comprendre ces gens. Dans ce domaine, l'apport de mon père a été considérable : il avait été l'un des leurs et, tout au long de sa vie, il s'était appliqué à me transmettre sa connaissance de la musique africaine. Je me sentais dans mon élément.

La production qui n'était pas mise en place dans les bacs des grandes enseignes culturelles – soit soixante-dix pour cent – partait en Afrique et dans les magasins africains de Paris. J'étais une sorte de modérateur, il me fallait préserver tous les équilibres. Et faire beaucoup de pédagogie. Les distributeurs de Barbès payant rarement par chèque ou virement, le directeur financier s'arrachait les cheveux :

– Ibrahim veut en acheter cinquante mille et il veut les payer cash…

– Ah oui, on fait comment ?

La Fnac de Rennes, quand elle commande cent CD, elle te règle par virement bancaire à X jours après réception d'une facture – et tu perçois, disons, 1 500 euros. L'Afrique, c'est cent mille réglés en liquide. Tout de suite. Boum ! La société gagnait beaucoup. Il fallait trouver les solutions comptables. J'étais loin de mes fonctions de DA, mais cela allait me servir par la suite…

Les gros vendeurs de musique africaine étaient entre Château d'Eau et Château Rouge. Avec, au milieu, Barbès. Tous. Mais Je travaillais pour Henri de Bodinat quand j'ai découvert ce périmètre ensorceleur. Un jour, il m'a appelé dans son bureau :

– Ce serait bien que tu t'occupes du Ghetto…

Le Ghetto c'est ainsi que les Africains, et mes amis du quartier et moi appelons pour plaisanter ce triangle d'or ; aucune nuance péjorative. J'ai commencé par faire le tour des boutiques incognito. Puis accompagné d'un commercial, qui me présentait comme le directeur de Sono – Sono, à cette époque, c'était la Motown de la musique africaine. Et je me suis souvent entendu dire : « Enfin un Noir ! »

Ces gens me regardaient différemment de mes prédécesseurs. Je me suis senti chez moi. Depuis mon arrivée à Paris, j'étais persuadé que Château Rouge était l'un des hauts lieux de rassemblement de notre communauté ; je ne pouvais toutefois imaginer à quel point les Noirs en avaient fait « leur » quartier : la musique, les épices, les ignames, les restaurants, les sapeurs… J'ouvrais grands mes yeux, mes oreilles et mes narines. Subjugué. À Château d'Eau, boubous chatoyants, boutiquiers, revendeurs de contrefaçons Louis Vuitton, Calvin Klein, de comprimés, marchands de bananes plantain, restaurants desquels exhalaient des fumets jadis familiers, rabatteurs surdiplômés payés moins que rien par leurs employeurs :

– Tu veux te faire coiffer ? Tu veux te faire coiffer ?

Partout, la même magie, la même fascination, le même attrait. Barbès, c'était une autre communauté, dont le noyau restait toutefois la musique noire, africaine et arabe ; j'aimais y faire escale. Comment avais-je pu passer à côté de tout ça ? Je n'avais connu pareille ambiance qu'à Kinshasa ou Abidjan ! Chaque fois que je traînais en ces lieux, j'avais l'impression de faire une incursion au pays pour m'y ressourcer ; en quelques heures, je faisais le plein de sensations et d'émotions : mon énergie était décuplée. Rien ni personne ne m'agressait. J'avais l'impression que les coups de Tyson ne pouvaient plus m'atteindre.

C'est ici qu'avaient pignon sur rue tous ceux qui comptaient dans le métier : distributeurs, boutiquiers et revendeurs y étaient regroupés – d'où cette appellation de « Ghetto ». J'ai récupéré des artistes qui n'osaient pas aller frapper à la porte de Sono : cela les rassurait d'avoir affaire à « l'un des leurs ». J'avais toutes les « pointures » dans mon catalogue : Mory Kanté, Salif Keita, Magic System, Kassav', Geoffrey Oryema, Koffi Olomide... Ces noms en attiraient d'autres. De nouveaux sont apparus, comme sortis des limbes : Kékélé et Afrikando, pour ne te citer que ceux-ci. J'évoluais au milieu d'un vivier. J'ai rencontré le grand Ibrahim Sylla, cet illustre producteur qui a fait connaître Ismaël Lo. Il a été mon maître. Sylla savait tout faire, de la vente au management. Ne va pas croire qu'il n'y avait que des Noirs pour vendre notre musique et vouloir la faire découvrir au plus grand nombre. Je me souviens du pépiement de Mme Mao, une Chinoise ravissante et menue, très maquillée, qui, derrière son comptoir de Château Rouge, se révélait incollable sur la musique africaine. Elle pouvait en parler pendant des heures, affable et volubile, tandis que son mari s'escrimait à réparer de vieux ordinateurs. Mme Mao était capable d'étonner, par l'étendue de ses connaissances, n'importe quel Ivoirien ou Congolais. Il en allait de même avec les Camerounais. Elle était au fait de toutes les dernières tendances et se montrait capable de te dire sur quoi l'on dansait à Abidjan, comme à Kinshasa ou Douala. Elle savait tout. Avant l'Internet, c'est ainsi que circulait le flot continu de l'information, avec force accent chinois et mimiques à la clef. Ses clients l'écoutaient, elle écoutait ses clients. Son voisin, c'était Samir l'Algérien, il était propriétaire de deux boutiques ; chez lui, on vendait de la musique africaine à Château Rouge de génération en génération. Il y avait encore Nadim le Pakistanais, producteur lui aussi de musique africaine, ou Diego le Congolais.

Le vieux Sylla, notre patriarche et aussi mon mentor, m'appelait le soir, parfois très tard, vers vingt-trois heures. Le Ghetto, il n'y mettait jamais les pieds, alors il venait aux infos :

– Mme Mao, elle t'en a pris combien aujourd'hui ?

– Vingt-cinq.

– C'est tout ?

– Oui.

– C'est pas bon. Et Diego, il a fait quoi aujourd'hui, Diego ?

Je le tenais informé des fluctuations du marché. Ce n'était pas un « parrain », même s'il n'était pas loin d'en exercer l'autorité invisible. Tous ceux qui se débattaient dans ce métier de producteur étaient un peu ses enfants. Il nous dispensait ses conseils et ses intuitions, nous nourrissait de son expérience, n'hésitant pas, si nécessaire, à recadrer l'un ou l'autre :

– Tu ne refais jamais ça, compris ?

En général, l'incident ne se reproduisait pas. Si je venais à sortir une nouveauté, Sylla tenait à en être informé. Pas question de mettre sur le marché un disque congolais s'il s'apprêtait à en commercialiser un. Ainsi, il n'hésitait pas à nous demander de différer une sortie si elle coïncidait malencontreusement avec l'une des siennes :

– C'est pour septembre. Alors toi, tu sors rien ce mois-là. D'accord ?

– D'accord.

Si je rencontrais un problème avec l'un ou l'autre de mes concurrents, Sylla s'érigeait en arbitre et ses décisions étaient sans appel. Il n'avait pas investi un centime dans l'une ou l'autre de nos productions et ne nous demandait jamais le moindre argent. Il exerçait son contrôle grâce au respect que nous avions pour lui, le mettant à profit pour gérer ses affaires ; c'était un accord tacite entre nous. Pour être franc, Kemin, on avait aussi un peu peur de lui.

Toutes les nationalités étaient représentées à l'intérieur de ces quartiers où le « vivre ensemble » avait été érigé au patrimoine immatériel de l'humanité. Le pianiste libanais Henri Debs et son frère, Jean, détenaient un magasin, dirigé par le fils de l'un d'eux : la dynastie Debs se partageait le monopole de la musique antillaise. À Barbès, ce sont les Tunisiens qui vendaient la musique africaine. Le restau de Château Rouge qui préparait le mafé était tenu par un Pakistanais. Et je n'ai jamais entendu un propos raciste ou sectaire. J'étais en train de proposer la dernière nouveauté de Koffi Olomide – le Elvis Presley de la musique congolaise – à un boutiquier sénégalais, quand est venue l'heure de la prière. Nous avons décidé d'interrompre le cours de nos affaires pour le reprendre ensuite. Je l'ai suivi dans un recoin de son magasin où il se retranchait pour prier. Après avoir satisfait à nos obligations religieuses, les choses ont repris leur cours simple et naturel : Combien on en met ? Combien tu me prends ? Quelle réduction ?

On commençait à me connaître un peu. Quand les gens me croisaient dans la rue, ils me donnaient leur impression sur tel ou tel disque. J'avais ainsi, en direct, la reconnaissance de mon travail ou, à l'inverse, une déception exprimée au même titre que ses motifs, ce qui m'incitait dans les deux cas à mieux faire. J'étais un roi partout où me conduisaient mes pas. Ici, on me proposait un sac – « Vas-y, pour ta femme ! Ça me fait plaisir ! » ; là, on m'invitait à m'attabler à une terrasse pour consommer l'un de mes plats favoris : « Pour toi, c'est gratuit ! » C'étaient mes Champs-Élysées, je ne me serais pas senti mieux au Fouquet's. J'étais chez moi. Là où battait le cœur noir de Paris. Au rythme de sa musique.

Et je donnais le tempo.

– 15 –

J'étais pourvoyeur d'infos pour Ibrahim Sylla et de potins pour Maeva. Chaque jour, je remplissais mon panier et, quand je rentrais, il contenait toute l'Afrique. Je revenais toujours de Château Rouge avec des produits achetés sur place, Maeva me préparait un bon repas et je lui racontais les rumeurs et polémiques du jour. C'était sa façon de s'échapper de son quotidien le soir venu ; le matin, elle regardait des soap operas entre ta toilette et les différents soins qu'elle te prodiguait. De toutes les célébrités, c'est Papa Wemba qui suscitait chez elle le plus d'intérêt ; moi, je vivais avec appréhension son incapacité quasi pathologique à se soumettre à ses obligations contractuelles. Quand il est arrivé dans l'écurie d'Henri de Bodinat, Koffi Olomide en faisait déjà partie. Tous deux étaient congolais et se tiraient la bourre.

– Il va falloir que tu gères ça aussi, m'a-t-on dit chez Sono. Choisis celui que tu veux et mets-le en avant…

Sans jamais le dire, sans jamais se prononcer clairement, Papa Wemba entendait mener, comme il l'avait fait avec Peter Gabriel, deux carrières à la fois – l'une, internationale, et l'autre, africaine. Il avait beau s'engager à ne pas se produire avec deux formations différentes, il n'en tenait aucun compte. Pour tout arranger, il avait dans le nez l'une des valeurs les plus sûres de la maison. J'étais indécis ; Henri de Bodinat a tranché :

– Je sais comment on va régler ce problème de rivalité. Toi, tu vas t'occuper de Wemba. Et on va confier Koffi Olomide à quelqu'un d'autre…

En fait, c'est tout ce que je désirais. Pour moi, Papa Wemba portait l'Afrique et sa modernité – cette modernité si chère à mon père ! Ce type était capable d'interpréter un air comorien pour le transmuter en cha-cha-cha ou en pop ; on ne savait jamais avec lui : c'était un génie.

Wemba revenait d'une tournée à travers l'Orient qu'il avait bouclée au sultanat d'Oman ; c'est au sud de la péninsule d'Arabie, Kemin, je te montrerai sur une carte. Il portait un boubou comorien immaculé, comme l'on peut en acheter là-bas ; seule manquait la coiffe. À ses pieds, de jolies sandales, très travaillées. Nous étions assis face à face ; lui, impérial, et derrière le fauteuil où il avait pris place, une vingtaine de personnes. Une infime partie de sa cour habituelle. Il m'a serré la main et s'est adressé à moi en swahili comorien :

– *Mua Limou* !

Mua Limou, cela signifie « Le Maître », « Le Professeur ». Ç'a été sa manière de me saluer en m'honorant de façon à la fois discrète et élégante puisqu'il avait eu recours à ma langue maternelle. Nous sommes convenus de produire deux albums : l'un serait world, et l'autre, destiné au continent africain. Sur le papier, c'était parfait puisque tout se faisait sous le label Sono. Hélas, c'est allé trop vite pour moi ; je n'ai rien maîtrisé. Papa Wemba, c'était un ouragan. Nul ne pouvait le contenir dans le creux de sa main.

C'était Louis XIV. On le portait sur une chaise à l'occasion de certains de ses concerts. Tout lui était servi sur un plateau : ses musiques comme ses chaussures et ses repas. Ce qu'il voulait, il l'avait. Sans même avoir à le demander. On lui offrait des cadeaux somptueux, les femmes venaient à lui. Et quand ça le prenait, il s'enfermait dans un studio pour travailler. Je laissais faire. Avais-je le choix ?

Au fil du temps, nous avons découvert avec Henri de Bodinat un système mis au point par l'entourage de Papa Wemba pour améliorer son ordinaire : des fans, des marques, des ministres, des partis politiques dépensaient sans compter pour s'entendre citer par l'artiste au milieu de l'une ou l'autre de ses chansons. Je te laisse imaginer ce que cela pouvait donner au plan artistique. L'aura de Wemba était telle que celui dont le nom avait été prononcé se trouvait soudain touché du doigt de Dieu. Évidemment, quand, au milieu d'un couplet, Wemba glissait ce qui lui avait été demandé par ses proches, cela avait un coût. Mais il ne prélevait rien de l'argent perçu, c'est son entourage qui se le partageait.

Papa Wemba bénéficiait d'à-côtés autrement somptueux : pour lui, les riches dépensaient des fortunes et les pauvres achevaient de se mettre sur la paille. Ces cadeaux censés entretenir l'amitié et les intérêts bien compris de chacun sont inhérents à la fonction. Ce qui sortait de sa bouche conférait un prestige incommensurable. Le seul fait d'être son producteur me valait des sièges plus larges et confortables dans les avions. J'étais choyé. Partout où je passais, je jouissais d'une certaine notoriété. On s'accoutume à ces petits riens qui caressent l'ego dans le bon sens.

Bodinat ne décolérait pas. Il m'a demandé de trouver une solution à ces problèmes de « sponsoring sauvage ». Comme Wemba avait constitué son propre gouvernement – il recensait un ministre de la Discipline (sa charge consistait à maintenir l'ordre au sein du groupe), un ministre de la Communication, un autre affecté à la Défense et un dernier aux Affaires étrangères –, c'est avec lui que je devais composer pour régler cette affaire.

– Les insertions, m'a proposé le ministre de la Com', on va les mettre seulement dans le disque pour l'Afrique. Il n'y en aura aucune dans l'album destiné à l'international. Ça te va ?

– Non ! Aucune radio ne va passer une chanson avec des paroles amputées au profit d'un coiffeur de quartier !

J'avais beau argumenter, quand la question passait au vote, j'étais systématiquement minoritaire. Ainsi, dans un album world qui devait contenir dix chansons sans la moindre pub, quatre n'étaient pas conformes à nos accords. Pourquoi ? Parce que la demande était forte et personne ne disait « non ». Jamais ! Ils étaient cinquante à venir supplier chaque jour les proches de Wemba, si ce n'était le roi lui-même : « Cite ma fille qui vient d'avoir le bac, cite mon restaurant, ma station-service, la compagnie informatique que je viens de lancer, le parti que j'ai fondé… »

C'est l'Afrique…

Voyant un jour la somme des problèmes auxquels j'étais confronté, Papa Wemba m'a fait une proposition :

– Écoute, tu vas venir avec moi à Kinshasa !

– Pourquoi ?

– Parce que je veux faire mon concert au stade des Martyrs. Le plus grand stade de Kin'. Je vais faire mon concert là-bas. Donc, tu vas venir avec moi et tu vas comprendre qui je suis.

C'était en 2002, j'allais produire le concert de Papa Wemba dans un stade de soixante-dix mille personnes ! Jules Shungu Wembadio Pene Kikumba ne m'a jamais laissé tomber, Kemin. Je suis du genre inquiet et c'est à Kinshasa, ville qui me fascinait, la plus grande du Congo, que j'ai plongé dans l'angoisse. Kin' la Belle, on l'avait tellement chantée ; mon père l'avait tellement chantée – quel sort allait-elle me réserver ? Durant la journée qui a précédé le concert, je suis allé répondre à une interview sur un plateau de télévision qui avait préparé une « Spéciale Papa Wemba ». Première surprise : Wemba n'était pas là : l'émission a dû se dérouler sans lui.

Un copain de RFI a tenté de me rassurer :

– Il est chez lui, à Kin'. T'en fais pas, y a pas de souci…

L'après-midi, j'ai traîné dans les artères encombrées et poussiéreuses de la ville. Un de mes oncles, Attouman, était navigateur et je me suis souvenu de ses mots : « Kin', c'est la ville qui ne dort jamais. » J'allais, fasciné, à travers rues et ruelles, tandis que l'inquiétude m'agrippait les intestins : depuis mon arrivée, je n'avais eu aucun contact direct avec Wemba. Et les heures passaient. À chaque carrefour, dans les cafés, partout, de la musique. Les gens débattaient de tout et de rien, mais en cantonnant leurs propos aux domaines de la politique et de la musique exclusivement. Ils pouvaient s'attarder et discourir pendant deux heures sur les paroles d'une chanson. Qu'avait vraiment voulu signifier l'artiste ? Voilà qui ouvrait la voie à nombre de réflexions philosophiques durant lesquelles il était de bon ton de recourir à des termes savants. En les écoutant, j'ai compris pourquoi, même croyants comme ils l'étaient, les habitants de Kinshasa considéraient Papa Wemba comme un dieu : parce que leur religion, c'était la musique. Et j'ai pris conscience qu'à nouveau, avec lui, les événements allaient me dépasser. Je pensais pourtant en avoir la maîtrise. Durant les répétitions, tout le monde m'a écouté bien gentiment, sans m'interrompre, même les musiciens et la cohorte de danseuses recrutée par Wemba – toutes avaient un corps miraculeux. Avec les annonceurs, on a décidé que la caméra s'attarderait à tel endroit valorisant une marque de bière. Et à quelques autres encore, selon les accords passés. Tout était bordé pour la réalisation du DVD : les équipes comme le matériel. J'avais travaillé – et raisonné – en Occidental, privilégiant l'efficacité. Chacun avait paru concerné par mes propos et directives :

– Oui, patron. On te respecte…

Tout était prêt. Manquait toujours Papa Wemba.

Quand il s'est manifesté, Jules Shungu Wembadio Pene Kikumba se trouvait dans sa villa de Matonge ; il m'a invité à l'y rejoindre. Un gardien hors d'âge était posté à l'entrée. Piscine démesurée, vue à couper le souffle, berlines de luxe : une Jaguar et quelques autres modèles que je n'ai su identifier. Je suis venu dans une voiture banalisée pour ne pas éveiller la curiosité des fans et de tous ceux qui avaient une faveur à lui demander – de l'argent, le plus souvent. Il ne fallait pas non plus attirer l'attention de la police ; travailler pour Papa Wemba signifiait que l'on était riche et les pots-de-vin s'en trouvaient augmentés. L'armée étant en charge de sa sécurité, d'un

« gentlemen's agreement » il allait précisément être question ce soir-là.

– Ce n'est pas notre boulot de protéger les célébrités, m'a expliqué un militaire.

– Comment ça ?

– On s'était mis d'accord pour les frais...

– Oui, j'ai donné l'argent à votre supérieur !

– Moi, je n'ai rien vu passer...

Sans dispositif mis en place par l'armée, Wemba ne parviendrait jamais à accéder au stade des Martyrs – la foule était partout. Le roi patientait sur un canapé ; il en aurait fallu davantage pour l'émouvoir. L'heure du concert approchait. J'avais arrosé tout en haut de la hiérarchie et la manne n'était pas redescendue : un phénomène assez fréquent en Afrique, je n'ai pas été décontenancé. Les militaires attendaient un « geste », je n'avais pas le choix et ils le savaient. Alors, j'ai proposé 500 euros « pour l'essence ».

La Mercedes pourpre a été engloutie par la foule avec Papa Wemba à son bord. Des grappes humaines s'agrippaient aux bus immobilisés au milieu d'une apocalypse automobile. La ville tout entière était paralysée. Klaxons et trompettes, cris de joie et slogans. Les fans étaient partout, surexcités. Le concert était gratuit : une marque de bière avait acheté toutes les entrées et offert les tickets. La traversée de Kinshasa a duré des heures et la police s'est parfois servie de matraques pour frayer un chemin à la voiture de Wemba. Ceux qui l'adoraient voulaient toucher la carrosserie surchauffée tandis que le stade des Martyrs se remplissait ; ses murs allaient sans doute céder sous la pression de pareille marée humaine.

Je me suis demandé comment autant de monde allait survivre ainsi compressé pendant des heures. Les clameurs s'entendaient à plusieurs kilomètres. Kinshasa était en feu.

J'avais donné des consignes, elles étaient strictes : personne sur scène à l'exception des musiciens. Un groupe devait assurer la première partie ; un tank ne serait pas parvenu à le déloger de la scène. Puis ils ont été une trentaine, chanteurs et chanteuses, danseuses et danseurs, chacun y est allé de son numéro. C'était un concours, il fallait capter tous les regards. Une fausse note, tu dégageais. Le public a plébiscité un groupe qui mariait Michael Jackson à la rumba congolaise ; il y a eu quatre rappels. Ça n'en finissait pas. La chaleur dans le stade était celle d'une marmite dont il avait la forme. Quand la Mercedes, qu'accompagnaient au pas de course de jeunes gars athlétiques, s'est enfin immobilisée à l'intérieur de l'enceinte, policiers et militaires ont conjugué leurs efforts pour en dégager Papa Wemba. Il avait tressé ses cheveux et est apparu le dos couvert d'une cape dont l'opulente passementerie d'or fin aurait fait saliver l'empereur Bokassa. Pantalon de soie rose, tunique blanche, Papa Wemba, tout en majesté, ne parvenait pas à approcher de la scène. C'était l'émeute. Des gosses s'accrochaient aux échafaudages, aux lampadaires, il y en avait partout. L'un des choristes, surnommé « Biscuit des Écoliers », est arrivé sur scène dans un cercueil. Un musicien arborant un épais pardessus de laine, canne et haut-de-forme, a accroché son saxo à la dragonne qu'il portait autour du cou et s'est mis à souffler dans son instrument comme si sa vie en dépendait. Des danseuses aux fesses rebondies agitaient leurs tresses de toutes les couleurs au son des guitares électriques, des tambours et des congas, les basses s'échappaient de colonnes de haut-parleurs hautes comme des immeubles, le batteur donnait ce qu'il avait dans le ventre. Le jour avait décliné quand l'un des chanteurs, ceint du drapeau étoilé de l'Europe, maillot de foot sur le dos et casquette jaune canari, a rendu le micro à regret. L'orchestre a continué de jouer et on a entendu la voix du speaker malgré la clameur monstrueuse :

– Cent pour cent star ! Cent pour cent star ! Voilà l'entrée de l'Homme ! Voici l'Homme ! Cinquante-trois ans d'âge ! Trente-trois ans de carrière ! Vingt ans de Viva la Musica ! Accueillez PAPAAA WEMBAAAAA !!!

Jules Shungu Wembadio Pene Kikumba a sautillé comme un boxeur avant de monter sur le ring. La musique a explosé, mes tripes ont vibré synchrones avec la basse.

Et Dieu est apparu.

– 16 –

Tandis que soixante-dix mille adorateurs de Papa Wemba reprenaient les paroles de chacune de ses chansons, deux cents autres tentaient de grimper sur la scène. Le service d'ordre était débordé. Il y avait des bousculades, des empoignades, des insultes. Politiciens, journalistes, directeurs de banques, anonymes, tous ceux qui avaient payé pour obtenir une citation venaient réclamer leur dû ; c'était le bazar. J'étais toutefois un gérant de bazar heureux. Rien ne se déroulait comme prévu ; alors, plutôt que résister, autant se laisser emporter par la déferlante : j'ai fini par lâcher prise. Quand les gars de l'équipe de tournage venaient me demander « Et là, on fait quoi ? », je leur répondais :

– Oublie ! On n'en est plus là. Le format France 2, c'est terminé. On ne l'aura pas.

Une voix dans le talkie-walkie :

– Hé, Chébli, fais-les descendre ! Ils sont trop nombreux sur scène.

– OK ! Je fais descendre qui pour commencer : le directeur des douanes ou le procureur ?

J'étais un bouchon emporté par le courant. Mais j'avais des étoiles dans les yeux, je savourais l'instant : voir ces gosses en extase devant Papa Wemba, c'était une récompense. Et puis, j'avais apporté ma pierre à l'édification d'un monument africain.

Le show a duré sept heures.

Durant mon séjour à Kin', j'ai appris des artistes congolais. Et j'ai compris qu'aucun pays au monde, à l'exception de Cuba, peut-être, n'accorde autant d'importance aux chanteurs et musiciens que le Congo. La Guinée, le Mali ont une histoire de la musique apparentée aux ethnies, au pouvoir, à la tradition, aux griots ; pas le Congo. Ici, ils élisent un pape ; là-bas, ils désignent un chef coutumier qui inspire, outre l'admiration, le respect et la crainte. Je sais le rôle du tempo, et je dirais que c'est le Congo qui imprime celui de la musique africaine. Elle lui doit ses plus grands succès. Le temps d'un concert, j'ai acquis trente ans d'expérience. Et découvert la dimension de Papa Wemba : elle était à l'échelle du continent. Je n'étais pas congolais, assez neuf dans le métier, et pourtant il m'a fait confiance. Pour lui, j'étais un « Bounty » : Blanc à l'intérieur. Je raisonnais comme un Occidental et ça lui plaisait. Je crois même que ça le rassurait. Nous avons travaillé ensemble pendant quatre ans. Il m'a fait progresser. Bosser avec lui signifiait toutefois être en conflit permanent avec sa cour qui ne laissait s'écouler une heure sans te rappeler :

– Papa Wemba, c'est *notre* artiste !

Ces propos étaient accompagnés d'actes qui pouvaient rendre le quotidien compliqué. Par exemple, Wemba se trouvait à Abidjan, en train de célébrer l'anniversaire d'un ami politicien, alors qu'il était attendu à Paris dans les studios de Radio Nova.

En décembre 2002, Papa Wemba a donné un concert à Bercy et il a fait venir avec ses bagages une centaine de musiciens congolais : j'étais bien sûr ignorant d'une nouvelle magouille imaginée par ses mauvais génies. Tous ceux qui sont montés sur scène ont dû cracher au bassinet. On avait fait venir ces gens moyennant une « participation », l'affaire relevait donc du trafic d'êtres humains. Papa Wemba a été condamné à trente mois de prison dont vingt-six avec sursis. Trois de ses proches ont été encore plus lourdement sanctionnés. Un peu plus tard, quinze « musiciens » ont été interceptés à l'aéroport de Zaventem, en Belgique : ils affirmaient appartenir à la formation de Wemba alors qu'ils n'avaient jamais touché un instrument de leur vie. Il a été établi que les Congolais avaient acheté leurs papiers et leur « alibi » aux mêmes personnes. Papa Wemba a été condamné, cette fois, à quinze mois avec sursis. Au total, il a purgé quatre mois durant lesquels je suis resté son directeur artistique. On échangeait des nouvelles, je lui faisais suivre ses courriers. Avec Rosie, sa femme, et l'aide de ses enfants, on gérait le business. À sa sortie, Papa Wemba avait perdu du poids, ça lui allait bien. Ceux qui l'attendaient ont pu voir qu'il avait la pêche.

Il m'a demandé :

– On sort un album pour l'international ou pour l'Afrique ?

Ce passage par la case prison lui a inspiré « Numéro d'écrou », où il chante sa détention. Mais comme beaucoup d'Africains qui ont séjourné derrière les barreaux, Papa Wemba y a rencontré la foi. Son comportement a changé. Depuis qu'il avait recouvré la liberté, des prêtres africains l'entouraient la plupart du temps. Jusqu'à l'accompagner sur scène. Il ne voulait plus se faire appeler Papa Wemba, ni Jules Shungu Wembadio Pene Kikumba.

Je ne l'ai pas appris de Wemba mais de ses anciens courtisans aux abois. Chez Sono, panique à bord : le roi à la rubrique des faits divers, personne ne s'y attendait. Ce à quoi on pouvait s'attendre, en revanche, c'était d'avoir désormais affaire à un artiste sur lequel ne pouvait plus s'exercer le moindre contrôle. Notre emprise était déjà des plus limitées. On acceptait tout de lui : Le nouveau directeur, Xavier de Portel, qui avait remplacé Henri de Bodinat ne voulait pas le voir partir pour une maison de disques concurrente. Nous avons produit le premier concert qui a suivi sa remise en liberté. Un concert bâclé. Avec tous ces dévots en manteau de fourrure venus confirmer sur scène que la religion avait conduit Papa Wemba à renoncer à son nom pour celui de Jules Wemba Dio. Les gens quittaient leur siège. La salle du Zénith était à moitié vide avant la fin de sa prestation. Je ne me voyais pas lâcher Wemba mais je n'aimais pas la direction qu'il empruntait. Je ne suis pas parvenu à exercer davantage de contrôle sur son deuxième album que sur le premier. Impossible d'y imprimer ma marque. Xavier m'a demandé de ne pas laisser tomber et de m'accrocher.

Quand, en 2003, suite à la crise du disque, Sono a commencé de rencontrer des difficultés,

Wemba et les autres artistes africains se sont égaillés comme des moineaux. Je n'ai pas eu le choix : moi aussi, je suis parti – je ne pouvais pas vous laisser, Maeva, Amil et toi, sans l'assurance d'un toit.

Et puis, il était temps pour moi de voler de mes propres ailes et de quitter Henri de Bodinat. Il m'a tant donné et tant appris ; qu'un homme de cette stature – issu d'HEC, de l'ENA, de l'université d'Harvard, patron de plusieurs « majors » dont Sony – m'ait honoré de sa confiance durant toutes ces années, a consolidé ma motivation. Sa culture était de viser toujours plus haut.

Les téléchargements via l'Internet étaient en constante progression au détriment des ventes de CD et DVD ; pourtant, j'ai choisi de fonder mon label, Weedoo Music : j'avais pour objectif de récupérer les grands noms avec lesquels j'avais travaillé. Papa Wemba a répondu présent. Comme l'essentiel du catalogue. Je me demandais toutefois comment je parviendrais à le produire tant ses exigences étaient devenues invraisemblables. Un album coûtait environ 50 000 euros jusqu'à la gravure ; avec Wemba, il fallait compter le double. Sans les « à-côtés ». Je n'avais pas cet argent. J'ai donc démarré avec des artistes de moindre renommée. Wemba, lui, a signé avec une maison de disques indépendante. Mais chaque fois que ses nouveaux partenaires le sollicitaient, il me les adressait :

– Voyez ça avec Chébli…

C'était sa façon de ne pas couper les ponts. Il est revenu vers moi en 2009 ; il était au courant de l'évolution de ta maladie. Il m'a dit :

– Voilà, j'ai une maquette. Je l'ai enregistrée à Kin'. Si tu veux, on travaille ensemble…

Nous nous sommes retrouvés dans le cabinet d'un avocat où nous avons apposé notre signature sur le contrat qui nous liait. Je savais que cela n'avait pas beaucoup de signification à ses yeux ; un bout de papier marqué de sa griffe qui finirait rangé à la verticale dans un dossier. Un de plus.

On a sorti *Notre père* sans la moindre anicroche. Un album magnifique. « Six millions ya ba soucis » a été un hit. Les médias français ont commencé à s'intéresser d'un peu plus près à Wemba. J'ai trouvé des partenaires solides et on est partis en tournée. Les marques se déchiraient pour apparaître dans les deux clips que nous avons tournés. On voulait tout nous prêter. Des vestes à trente mille, des jeans à quinze cent. Dommage que Papa Wemba ait écrasé son cigare sur l'un d'entre eux… Il s'est rendu dans la soirée à la boutique et y a signé un chèque. J'ai vu le vendeur insister pour lui faire une remise de cinquante pour cent. Mais la fois suivante, il m'a demandé une caution colossale – juste au cas où Wemba repartirait dans l'un de ses délires. L'incident a été relayé par les journaux, il y a eu rupture de stock : une opération gagnant-gagnant. Et puis, comme à son habitude, Wemba a voulu « faire un album pour l'Afrique et un autre pour l'international ».

C'est en mettant au point l'itinéraire de la tournée que nous nous sommes aperçus que Jules Shungu Wembadio Pene Kikumba, alias Papa Wemba, alias Jules Wemba Dio, ne pouvait plus entrer sur l'un ou l'autre des territoires du Commonwealth. Parce qu'il avait été impliqué en France dans une affaire de trafic d'êtres humains. Impossible de boucler des dates en Grande-Bretagne. Les salles et les clubs du Canada voulaient Wemba mais pas les autorités de ce pays. Bientôt, le bruit selon lequel le roi avait des difficultés à obtenir certains visas a commencé à circuler. La période probatoire de cinq ans qui lui avait été infligée ne facilitait pas les choses. On a dû annuler la tournée. Wemba est parti à Kin' ; il y est resté deux ans au terme desquels il a obtenu un visa pour les États-Unis. Le roi de l'afro-pop a repris son envol. Wemba a décollé de Kinshasa à destination de Minneapolis où il devait se produire à l'occasion d'un concert de charité ;

le vol faisait escale à Charles-de-Gaulle, nous étions convenus de nous y retrouver. La police des frontières lui est tombée sur le dos sitôt le pied posé sur le sol français. Moi aussi, j'ai été interpellé. Plusieurs flics étaient penchés sur mon passeport, cela m'a semblé long. L'un d'entre eux s'est approché :

– Vous pouvez y aller. Pas lui…

Bien évidemment, dans ces conditions, il a été impossible de développer l'international et nous ne sommes pas davantage parvenus à terminer l'album en préparation – deux coups durs pour Weedoo Music. Pourquoi ? Parce qu'il était impossible de canaliser la démesure de Wemba. Qui peut, d'ailleurs, se vanter d'y être parvenu un jour ? Tout ce talent gâché ! Cette énergie gaspillée ! Je me souviens des propos de Peter Gabriel : parmi les artistes qu'il a produits, les deux qui l'ont le plus marqué sont le Pakistanais Nusrat Fateh Ali Khan, maître de qawwali, un style musical soufi, et Papa Wemba. Il était, selon lui, le plus grand des chanteurs africains. Une chanson de Marley, il se l'appropriait à un point tel que tu pouvais imaginer qu'il s'agissait de l'une de ses créations. N'importe quelle mélodie, il la faisait sienne. Politiquement, Wemba ne se mouillait pas en apportant davantage son soutien à un parti qu'à un autre. Mais il veillait à se tenir informé du moindre événement local ou international. Chez lui, plusieurs écrans diffusaient les chaînes d'info en continu. Il était curieux du monde auquel il a imprimé sa marque. Jules Shungu Wembadio Pene Kikumba s'est éteint sur scène à Abidjan. C'était un dimanche et nous avions échangé le jeudi précédent ; je sais que sa fin a été celle qu'il désirait : le roi est mort en live. Il est entré dans la légende en artiste absolu.

Malgré mon impréparation à affronter la lame de fond de l'Internet, les affaires ont tourné bon an mal an jusqu'en 2014. J'étais dans mon élément entre les deux Châteaux et Barbès, j'aurais donné n'importe quoi pour vous emmener vivre dans mon royaume. Et puis, comme beaucoup, j'ai été emporté par le tsunami de « l'immatériel » ; je n'ai jamais pu refaire surface. Aujourd'hui, il m'arrive de retourner dans mon ancien royaume. Le magasin de Mme Mao a fermé, celui de BH aussi. Diego, ce n'est plus comme avant. Mon maître, le grand Sylla, est mort lui aussi. Un soir, il a appelé l'oncle de ta maman, ce grand marabout qui était venu s'installer chez nous à Enghien pendant un mois.

Abdou lui a affirmé :

– Ibrahim, ce n'est pas le diabète qui va t'emporter…

Il avait raison : une embolie l'a tué quelques semaines plus tard.

À Barbès aussi, les magasins dédiés à la musique africaine ont baissé rideau. Je ne me fais aucune représentation du paradis qui m'attend mais j'aimerais qu'il ressemble à ce qu'étaient ces quartiers de Paris. Ils me manquent, c'étaient ceux de ma trentaine.

Pour moi, passé et présent se confondent en un tout indivisible. Alors, quand je te regarde aujourd'hui, Kemin, je te vois simultanément en train de gambader – ces deux images de toi sont indissociables, je n'y peux rien, c'est mon cerveau qui procède de la sorte.

Tu étais appelé à subir une gastrotomie, cette opération durant laquelle les chirurgiens ont pratiqué une ouverture dans ton estomac pour y introduire une sonde ; les risques de fausse route étaient devenus trop importants, il n'y avait d'autre solution pour continuer de t'alimenter. Deux mois avant l'intervention, nous sommes allés passer une journée à Disneyland. Tu étais accablé par la cécité, Maeva et moi comptions sur cette sortie pour te stimuler. Je te poussais dans ton fauteuil ; nous étions dans une boutique où nos pas nous avaient déjà guidés par le passé. Je t'ai vu trottinant, criant, faisant le fou, brandissant une peluche. C'était il y a deux ans, peut-être trois.

En tout cas, pas si loin. La vendeuse n'a pas compris quand je me suis mis à pleurer. Je me suis empressé de lui tourner le dos, Maeva l'a remarqué. Un recoin m'a permis d'essuyer discrètement mon chagrin dans un mouchoir. C'était trop difficile, nous sommes rentrés à la maison. Amil n'a même pas rechigné. Si ta maman vient à pleurer, ce qui est rare, elle le fera dans la plus grande intimité : je n'ai jamais vu de larmes couler sur ses joues. Notre perception de la vie est très différente. Maeva vit exclusivement l'instant présent. Pour elle, le passé n'existe pas et il n'y a aucune raison de se retourner.

Nous étions au mois d'octobre, l'été avait choisi de s'éterniser cette année-là. L'opération a été supervisée par l'équipe du Pr Aubourg ; tout le monde a été formidable. Durant la semaine que tu as passée à Saint-Vincent-de-Paul, nous avons suivi une formation pour maîtriser la machine devenue indispensable à ta survie : une pompe injecte un liquide dans un tuyau, il est directement relié à ton estomac et c'est ainsi que tu te nourris. Nous avons dû nous familiariser avec cet engin qui t'a permis de reprendre un peu de poids. Son utilisation nous a toutefois contraints à renoncer à toute recherche d'établissement. Un matin, j'étais en train de te passer un T-shirt, j'ai oublié la présence du tuyau auquel tu étais relié et j'ai arraché le cathéter. Tu pleurais, j'étais impuissant. Paniqué. J'ai appelé les secours, les pompiers sont arrivés, ils t'ont conduit à l'hôpital le plus proche. Les médecins qui t'ont accueilli ne savaient comment intervenir compte tenu de ta gastrotomie. Ils ont appelé leurs collègues de Saint-Vincent-de-Paul, tu y as été transféré d'urgence pour subir une nouvelle opération.

Et puis, à force d'immobilité, tes membres se sont déformés et tes pieds aussi. Tu souffrais de crampes en permanence, le Pr Aubourg m'a reçu. Il t'a prescrit un antalgique puissant, je me suis précipité dans la première officine de Château Rouge pour me le procurer : il me tardait de te voir apaisé. Quand je lui ai tendu l'ordonnance, le pharmacien m'a dévisagé, suspicieux. Il est allé converser à voix basse avec l'un de ses collègues, un Africain. Il m'a fait signe de le rejoindre à son comptoir.

– C'est un médicament aussi puissant que la morphine, si ce n'est plus, m'a-t-il expliqué. Il y a beaucoup de drogués dans le quartier, ils tentent de s'en procurer par tous les moyens. Ils braquent, ils font des faux. Ce sont souvent des Noirs. C'est pour ça qu'il s'est méfié, vous comprenez…

– 17 –

Outre la machine destinée à te nourrir, tu disposes maintenant dans ta chambre d'un lit médicalisé, et du personnel soignant te rend visite chaque jour. Tes yeux sont ouverts ; immobiles dans leurs orbites. Que vois-tu ? Tes lèvres desquelles ne s'est plus échappé un mot depuis des mois esquissent parfois un rictus. Que veux-tu me dire ? Ton corps continue de se déformer malgré le travail des kinésithérapeutes. Médecins, infirmiers, infirmières, auxiliaires médicaux, thérapeutes, tous font preuve de compétence, de compréhension et de dévouement. Cependant, rien n'y fait : la maladie tient une réplique toute prête à chacun de leurs efforts. Je suis retourné voir le Dr Gouraud, le médecin orthopédiste de la Croix-Rouge qui opère les enfants accidentés. Il a proposé de t'injecter du gel dans les jambes, une sorte de botox censé te soulager de tes crampes. Mais plus que la déformation de tes mains ou celle de tes pieds, c'est celle de ton dos qui l'inquiétait. Ta scoliose, m'a-t-il expliqué, était « similaire à celle d'un vieillard » ; la redresser devenait une priorité absolue. L'opération serait lourde. Tu pouvais y laisser la vie. Pour tenter d'évaluer les risques d'une telle intervention sur un corps aussi fragile que le tien, chirurgiens, neurologues, orthopédistes et d'autres spécialistes encore se sont succédé à ton chevet. Le centre de Bois-Larris, l'hôpital Robert-Debré et celui du Kremlin-Bicêtre se sont concertés : une arthrodèse rachidienne pouvait être pratiquée. En cas de succès, ton confort s'en trouverait considérablement amélioré et ta respiration, facilitée. Un chirurgien de Robert-Debré m'a expliqué quels étaient les risques encourus. Je les connaissais déjà.

Fallait-il intervenir ? Ne pas intervenir ? J'aurais aimé que quelqu'un me dise : « On va prendre des risques mais Kemin peut guérir ! » Nous n'avions pas même cet espoir. Après nous être interrogés et en avoir débattu, parfois des nuits entières, Maeva et moi avons pris la décision de te faire opérer. En attendant ce jour, j'ai continué de rencontrer des praticiens. Malgré l'épais dossier qu'il avait entre les mains, un anesthésiste de l'hôpital

Robert-Debré m'a posé beaucoup de questions sur ta maladie. Les réponses, il les avait déjà mais il voulait m'entendre les lui donner. Je lui ai raconté les étapes par lesquelles nous étions passés. Notre lassitude, aussi. À ma grande surprise, il m'a dit que « j'avais un ange avec moi ».

Je l'ai fait répéter :

– Oui, vous avez un ange avec vous ! Il vous protège, prenez-en soin…

J'aurais entendu ce propos d'un marabout ou d'un tumba malgache, cela ne m'aurait pas étonné ; mais à Robert-Debré et venant d'un type blanc en blouse blanche, je n'y étais pas préparé. Se moquait-il de moi ? Non. Il paraissait sincère…

– Et comment puis-je prendre soin de cet ange ?

– Réalisez ses rêves…

Me voyant déconcerté, il a repris :

– Qu'est-ce que vous auriez aimé faire pour votre enfant ?

– Quand il était petit, Kemin m'a dit qu'il aimerait aller à Madagascar. Sa maman est originaire de ce pays et il a beaucoup aimé le dessin animé…

– Eh bien, après l'opération, vous n'aurez qu'à l'y emmener !

– L'emmener à Madagascar ? Vous n'y pensez pas : il ne tient pas une demi-heure assis dans une voiture ! Alors, une dizaine d'heures dans un avion…

– Poussez son fauteuil jusque là-bas…

Je suis sorti songeur de cet entretien. Ce n'était pas la première fois que l'un de mes interlocuteurs du corps médical s'efforçait de me faire passer un message en recourant à un langage codé. Réaliser ton rêve en te faisant voyager ? J'ai commencé à y réfléchir.

Tu es arrivé à Robert-Debré la veille de l'intervention sur ta colonne vertébrale. Maeva a préféré rester à la maison avec Amil. Je n'ai pas eu le courage de lui dire que tu risquais de ne pas te réveiller, mais sans doute le savait-elle déjà. Cette perspective me hantait. Les propos de l'anesthésiste aussi : quand il m'a parlé d'un ange, voulait-il me signifier que tu allais bientôt quitter le monde des vivants ? Avait-il cherché à me préparer au pire ? Le lendemain, en t'accompagnant au bloc opératoire, les battements de mon cœur étaient violents et désordonnés ; j'ai pensé qu'ils allaient bloquer l'ascenseur. Quelques étages plus bas, les portes se sont ouvertes sur un sas. L'infirmier qui nous accompagnait m'a suggéré de te murmurer quelques mots à l'oreille et de t'embrasser. J'étais perdu. Tu étais allongé sur ce brancard, je cherchais les mots qui auraient pu te rassurer et je n'en trouvai aucun. Te dire quoi ?

Que dit-on dans ces moments-là ? Mes lèvres restaient scellées. Je n'avais que des larmes à t'offrir. L'heure tournait, l'infirmier a insisté :

– Embrassez-le, monsieur…

En me penchant sur ta joue, j'ai pensé à un baiser d'adieu. Et je me suis enfui. J'étais à l'extrémité du couloir quand j'ai voulu t'embrasser encore une fois. Je suis revenu sur mes pas. La porte du sas s'était refermée. Tu avais disparu.

Je suis remonté dans la chambre que l'hôpital avait mise à notre disposition. Maeva était là, elle venait d'arriver. Les heures à venir allaient être un supplice, je tournais en rond comme un lion en cage. Je suis allé traîner à la Fnac des Halles, au rayon « musiques du monde ». J'appelais Maeva toutes les cinq minutes : aucune nouvelle. Rien. Pas encore. Il fallait attendre. J'ai poursuivi ma déambulation ; l'horloge tournait et je ne pouvais m'empêcher de penser au pire. Je suis revenu à l'hôpital en fin d'après-midi. Ta maman était toujours là. Elle n'avait toujours pas mangé. C'est à la cafétéria qu'elle a rencontré le chirurgien qui venait de t'opérer pendant huit heures. Il dévorait un sandwich et s'est excusé, entre deux bouchées, de ne pas nous avoir prévenus ; l'opération s'était bien déroulée, c'était l'essentiel.

– Il va mieux respirer, vous verrez…

Maeva s'est engouffrée dans l'ascenseur pour venir m'annoncer la nouvelle aussitôt.

Subitement, j'ai mieux respiré moi aussi.

Ton petit frère sait qu'il a une maman très occupée et qu'il doit l'aider. C'est lui, par exemple, qui va appliquer la sonde que Maeva t'a préparée. Comme je suis souvent absent, Amil sait mieux que moi quels sont les médicaments qu'il faut te donner et à quelle heure. D'ailleurs, même si je suis à la maison, ta maman préfère te confier à lui quand elle vient à s'absenter. Maeva me laisse ses instructions, Amil veille à leur exécution. Il craint que je ne fasse pas bien les choses ; alors, il a l'œil. Je n'irais pas jusqu'à dire qu'il se méfie de moi, mais pas loin. Un jour, j'étais en train de faire ta toilette quand le téléphone a sonné. C'était un ami musicien. On a discuté. Et je t'ai oublié. Je n'avais jusqu'alors jamais entendu ton frère élever la voix.

– Tu vois ce que tu fais ? Tu n'es pas responsable ! a-t-il hurlé.

Amil ne porte pas en lui la joie que je connais aux autres enfants. À l'école, il a une année de retard. Quand il rentre, il doit se débrouiller seul pour ses devoirs ; sa maman n'a pas le temps. Je suis un courant d'air alors que l'un et l'autre avez besoin de la présence d'un père. C'est vous qui me permettez d'être moi, de me réaliser. Je veux et je dois vous en remercier.

Amil avait dix ou onze ans quand il a commencé à s'occuper de toi, il t'a toujours beaucoup protégé. Sitôt rentré, il veille à ne faire aucun bruit, jamais. Il ferme la porte de ta chambre afin que rien ne vienne t'incommoder. Son emploi du temps est organisé en fonction de celui de votre maman. Du fait des contraintes qu'il subit, Amil s'autorise parfois quelques débordements pendant les cours. Ton petit frère n'a jamais eu le quotidien de ses copains. Quand il invite l'un d'entre eux, ce qui est très rare, il le choisit avec soin : Amil sait que si son copain t'aperçoit, ton état ne sera à l'origine d'aucune réflexion blessante. Les nouvelles technologies lui permettent de ne pas se couper des autres ; il joue en réseau et échange sur Snapchat. Le reste de son temps libre, il le passe à regarder des séries dans ta chambre, avec toi.

Cette chambre n'est guère propice aux jeux, j'en conviens. Lit médicalisé, matériel pour te soulever, fauteuil, deux armoires pleines de médicaments, un meuble avec des couches, un autre équipé d'un bac, des gants, des serviettes, une poubelle, la petite télé : c'est comme à l'hôpital. La télévision maintient ton attention en éveil, c'est pourquoi elle reste allumée quinze heures par jour. Sur les chaînes musicales – on ne va pas t'infliger les infos ou te mettre devant un film. Maeva et moi ignorons ce qui te parvient encore. La musique dans ta chambre, c'est celle qu'écoutent les jeunes de ton âge. Il en va de même pour tes vêtements. On te choisit des marques. Celles que tu aimerais porter pour aller te balader dans la rue. Des jeans Diesel par-ci, une casquette Nike par-là. Quand on me demande pourquoi, je réponds :

– Ben, peut-être que son esprit est de sortie aujourd'hui…

Maeva passe des heures à explorer le Net, en quête de nouveaux médicaments proposés sur le marché, en France ou à l'étranger. Elle s'entretient avec les kinés, les équipes médicales. Elle veille à ce qu'aucun de tes médicaments ne vienne à manquer le week-end. Les pansements et les gants sont livrés en kit ; elle utilise plus de gants que de pansements et souhaiterait pouvoir les acheter séparément : impossible. Même si elle dispose d'un stock des uns et n'a plus des autres. Elle expérimente sans cesse afin de faire face aux petits et aux grands aléas de notre vie. Ce sont des jours de complications sans fin qui s'égrènent. Elle se débat dans le dédale des formalités administratives. Elle s'interroge.

Pourquoi es-tu éveillé à tel moment, amorphe à tel autre – comme si la vie t'avait déjà abandonné ?

Depuis 2009, le quotidien de Maeva est celui d'une maman dont l'enfant est hospitalisé à la maison. Chaque jour, en fonction de ton état, elle te fait ingurgiter une quinzaine de médicaments entre sept et huit heures. Il faut les connaître, veiller aux dosages, savoir les effets secondaires de chacun, être vigilant, ne pas commettre d'erreur. Après t'avoir dispensé les premiers soins, elle fait ta toilette – la douche est toujours un moment délicat. Elle inspecte chaque centimètre de ta peau, redoutant le moindre signe d'infection. Puis elle t'allonge dans ton lit ou t'assied dans ton fauteuil. Programme la sonde gastrique. Elle regarde ensuite, pendant une demi-heure, soit dans ta chambre, soit dans le salon, les feuilletons à l'eau de rose diffusés le matin sur la 2 ; elle les enregistre depuis des années ; je crois qu'elle n'a jamais vu un épisode autrement que par tranches. De huit heures trente à midi, se succèdent l'aide-soignante et le kiné. Tu passes de ton lit au fauteuil, du fauteuil à ton lit. À dix-huit heures trente, la sonde va s'arrêter. Maeva la rebranche à vingt-trois heures trente et va se coucher. Elle ne dort jamais une nuit entière. Un enfant en bas âge va pleurer s'il se sent inconfortable ; toi, Kemin, tu ne peux pas même pleurer. Tu n'en as plus la force. Nous avons appris à guetter ton souffle par la porte ouverte. Il faut changer ta position dans le lit. Ta maman se lève souvent. À chaque étape de la maladie, elle a su s'adapter. Chaque jour, chaque nuit, il faut tout recommencer. Les échanges de Maeva avec l'extérieur ? Elle passe de longues heures en ligne avec ses sœurs restées à Marseille. Elle les tient informées et elle se tient informée. Ta maman ne quitte l'appartement qu'en de très exceptionnelles circonstances. Et moi, je ne suis jamais satisfait. Parce que je suis un artiste et, de ce fait, égocentrique. En parlant de toi, je ne dis jamais « notre enfant » ; je dis : « mon fils ». Comme si tu étais né d'un autre lit. Je sais que cela la blesse et je le fais quand même. Comme malgré moi.

À l'instar de mon oncle Ibrahim, j'ai toujours éprouvé la plus grande tendresse envers les enfants. Pour moi, ils sont l'honnêteté, l'innocence qui tentent d'éclore dans un monde hypocrite. Dans notre communauté, on aime bien quand le voisin, le cousin, le copain – n'importe qui – se retrouve confronté à de petits et même de gros soucis. C'est moche mais ça fait du bien. Ça rassure sur son sort : cette fois encore, on est passé entre les gouttes. Un peu de honte vient se mêler à tout ça, mais c'est bon de se dire que, jusque-là, pour nous tout va bien. Tant pis pour les autres. L'âme des enfants ne dissimule pas ces obscurs recoins. Ils te disent les choses telles qu'ils les voient. Donc, telles qu'elles sont. Ils n'enjolivent pas et ne dénigrent pas. C'est pour cela que je me sens bien avec eux. Les liens que j'ai noués avec ceux de ma famille sont à l'origine de dissensions entre ta maman et moi. Elle voit l'amour que j'ai pour eux et estime que vous n'en recevez pas suffisamment en retour de la part de vos oncles, tantes ou cousins. Selon Maeva, il y a un déséquilibre flagrant ; elle en est souvent ulcérée. Ta maman, je dois le dire, est dans le vrai. Il y a à cela deux raisons : chez nous, on adore les enfants, mais tant qu'ils ont l'amour de leurs parents, chacun estime qu'il n'est pas nécessaire de leur en prodiguer davantage ; ensuite, toujours selon les principes de notre communauté, un enfant de riche n'a pas besoin d'être aimé au même titre qu'un enfant de pauvre. Or, même si je ne le suis pas, j'apparais comme un riche aux yeux des miens.

– Tu donnes des choses que l'on ne reçoit pas, vitupérait Maeva ce soir-là. On ne montre pas notre souffrance, alors on ne reçoit rien. On ne reçoit pas l'amour dont on a tellement besoin ! Tu passes ton temps à vouloir aider les autres, et moi, dès que je me sens un peu dépassée, fatiguée, tu me rejettes ! Tu trouves que je ne m'investis pas suffisamment ! Comment peux-tu me dire une chose pareille ? Tu te rends compte de ce que tu me dis ?

J'ai tenté de l'apaiser en la prenant dans mes bras. Elle a poursuivi :

– Comment peux-tu donner aux autres la compassion que tu n'as pas pour moi ? La moindre erreur, le moindre oubli et tu me dis négligente !

Maeva me reproche souvent d'être injuste. Dur, aussi. Je ne peux pas lui en vouloir. N'est-ce pas moi qui, un jour, lui ai lancé :

– Je vais mettre mon fils dans un internat parce que tu es incapable de t'en occuper !

Je m'en veux encore. Elle s'est effondrée. Elle s'est sentie punie d'une faute qu'elle n'avait pas commise. J'ai pris nombre de décisions concernant ta santé sans même la consulter. Je le regrette. Je sais bien que tu es notre enfant. Mais ça revient. Ça revient, c'est plus fort que moi, et je ne sais pas pourquoi…

– 18 –

C'est l'été, Kemin ; alors qu'approche la saison des Grands Mariages, et donc celui que nous allons célébrer avec Maeva, je veux t'entretenir de ce qu'ils représentent pour les garçons nés sur notre île ; tu dois savoir le poids que cette tradition fait peser sur leurs épaules. Alors que tu t'abandonnes au bonheur de réunir les tiens et de partager leur liesse avec celle que tu aimes, les coulisses d'un Grand Mariage sont le théâtre de jeux de pouvoir plus ou moins discrets que tu aurais peine à imaginer. Entre les familles, mais pas seulement. Il ne s'agit pas pour moi de céder à la critique, Kemin : mon regard est celui d'un observateur attentif, amoureux de la Grande Comores et de son peuple. Considère que je te livre des informations confidentielles, ainsi que deux ou trois enseignements que j'ai retenus de la nature humaine – peut-être comprendras-tu mieux alors les raisons pour lesquelles je ne suis pas un ardent défenseur de cette tradition ; toutefois, j'admets volontiers que, si elle venait à disparaître, ce serait un gâchis culturel. Chacune des quatre îles de l'archipel célèbre de Grands Mariages ; la nôtre est réputée pour donner plus que toute autre dans la démesure. Les familles des promis engagent des frais considérables, parfois plusieurs dizaines de milliers d'euros, alors qu'elles n'en ont pas les moyens. En fait, elles procèdent à un troc. Mais comme dans la plupart des affaires, il y a des gagnants et des perdants. Parce que chaque Grand Mariage est une compétition : chacun pense que celui qui dépensera le plus en sortira vainqueur. Ce n'est pas ma philosophie. Pour moi, le gagnant, c'est le plus heureux. Si tu dépenses tout ce que tu possèdes pour ton Grand Mariage, et même au-delà, tu ne peux pas être heureux. Tu as perdu. J'ai vu des mariés désespérés sitôt les célébrations terminées. Quinze jours de liesse et puis, soudain, ils se trouvaient face à l'abîme. Ils étaient dans la misère parce qu'ils avaient voulu rivaliser avec le frère, l'oncle ou même le voisin. Tout cela parce qu'on leur a dit : « C'est la tradition, c'est comme ça et pas autrement. » Crois-moi : quand quelqu'un t'explique que rien ne doit changer, c'est parce qu'il y trouve son intérêt.

Qui décide de ces règles si peu adaptées au climat économique des Comores ? Les notables, à savoir ceux qui ont succombé au prestige d'un Grand Mariage. Et les religieux, qui ont mis la tradition au service de leurs intérêts. Si le déroulement des cérémonies que tu proposes va dans leur sens, tu as de bonnes chances de voir l'intégralité de ton projet se réaliser comme tu l'entends. Dans le cas contraire, il sera considéré comme « haram », soit contraire à l'islam. La discussion sera close. Inutile d'insister. Le madjlisse, qui est l'une des célébrations parmi les plus importantes du Grand Mariage, est « toléré » parce qu'il est l'occasion de lire le Coran. Les plus rigoureux iront jusqu'à critiquer les cérémonies durant lesquelles filles et garçons sont mélangés. Si tu viens à leur opposer « Ce sont des jours de liesse, on célèbre ou non, mais on ne fait pas dans la demi-mesure ! », l'embrouille est garantie. Beaucoup d'argent étant dépensé lors de ces festivités, chaque situation finit par trouver un heureux dénouement. C'est pour ces raisons, Kemin, et compte tenu de certains faux-semblants qui peuvent l'entourer, que j'ai longtemps été opposé au Grand Mariage. Selon moi, trois règles devraient prévaloir sur toute autre considération : « Tu ne dépenseras pas ce que tu n'as pas » – c'est du bon sens. La deuxième : « Tu dois être heureux. » Et que signifie être heureux, ce jour-là, Kemin ? Cela signifie que tu épouses la femme que tu aimes et qui t'aime. La règle n° 3, maintenant : « Fais en sorte que tes amis soient tout aussi heureux que toi. »

Je te dois une autre explication, au sujet de ce qui, longtemps, a motivé mes réticences : puisque la famille refusait de me voir épouser celle avec qui je veux finir mes jours – au prétexte qu'elle n'était pas de « notre » village –, je ne voyais ni le sens ni l'utilité d'un Grand Mariage. Tous voulaient me faire dépenser des sommes dont je ne disposais pas ; je leur ai expliqué ma façon de voir les choses et je ne suis pas certain d'avoir été compris. Peut-être, d'ailleurs, n'ai-je pas toujours su trouver les mots non plus ! À leurs yeux, et ceux de Mdjaza Daho en particulier, je suis un saltimbanque ; leur désir le plus cher était de me voir notable évoluant au milieu de mes pairs. Or, j'avais d'autres priorités. C'est seulement à partir du moment où, à force de pédagogie, je me suis fait entendre sur ces trois points, essentiels à mes yeux, que j'ai envisagé de célébrer le Grand Mariage avec ta maman. Et je vois aujourd'hui cet événement se profiler avec bonheur.

Les négociations ont duré longtemps. Des trois fils de Mdjaza Daho, j'étais celui que tout prédestinait au Grand Mariage : j'étais l'aîné. Mon père, qui lui aussi était le plus âgé de sa fratrie, n'y ayant pas souscrit, c'était pour moi une obligation. Ton grand-père n'a pas célébré de Grand Mariage alors qu'il en aurait eu les moyens ; Mdjaza Daho a cru me voir marcher sur ses traces et c'est pourquoi elle a estimé de son devoir de m'envoyer toutes ces fiancées par les airs. Avec le résultat que tu sais. J'ai été « programmé » depuis l'enfance. On a tenté, que ce soit du côté de mon père ou celui de ma mère, de me le faire entrer dans la tête : je ne pouvais échapper au Grand Mariage. Et si je m'apprête à épouser ta maman, c'est parce que je le veux, mais aussi parce que Mdjaza Daho le veut bien. Elle a accepté Maeva ; j'ai accepté le Grand Mariage. Cela ne l'a pas empêchée de me dire encore durant des mois :

– Tu peux prendre autant de femmes que tu veux à condition que la mère de tes enfants soit de ton village !

Ce sont les circonstances qui l'ont conduite à réviser son point de vue sur Maeva ; tu n'y es pas étranger et je t'en remercie du fond du cœur. Ma mère ne détestait pas la tienne, elle trouvait seulement que Maeva aurait fait une

« bonne deuxième femme ». D'ailleurs, elle lui a souvent répété :

– Il va peut-être t'épouser la première, mais tu es la seconde épouse.

Et la mère de Maeva était d'accord avec ça. Parce que l'on pense ainsi aux Comores. L'une ou l'autre de ces jeunes femmes que Mdjaza Daho choisissait pour moi, peu lui importait si je venais à la quitter trois semaines après la fin des festivités. Certes, si je la gardais, c'était mieux ; mais je n'y étais en rien obligé. S'il y avait des enfants nés de notre union, alors là, c'était parfait : la tradition était respectée.

Mes sœurs, pour leur part, entretenaient des relations distantes avec Maeva puisqu'elles savaient qu'au regard de notre mère elle était la « seconde épouse ». Elles ne voulaient surtout pas aller à l'encontre de ce que pensait Mdjaza Daho. Maeva s'est rapprochée de l'une d'entre elles qui, à la suite de problèmes de santé, était venue s'installer en France. Et leurs rapports ne se sont pas seulement normalisés : ils sont devenus affectueux, une vraie tendresse les unit.

Mdjaza Daho persévérant dans sa volonté de m'adresser de jeunes beautés, souvent mes cadettes d'une vingtaine d'années, j'ai fini par trouver la parade absolue :

– Je veux bien faire le Grand Mariage, lui ai-je annoncé. Mais pas avec une fille que je n'aimerai pas !

Ce n'est pas avec ce genre de propos que j'allais resserrer les liens familiaux ni me faire de nouveaux amis parmi les religieux : quand tes moyens t'y autorisent et que tu ne dépenses pas, tu es mal considéré. Tu dois dépenser. C'est un devoir envers la communauté. Si tu t'y refuses, c'est faire affront à la religion et la société. C'est aussi ouvrir une brèche dans laquelle les jeunes finiront par s'engouffrer. Je ne suis pas riche, mais les gens de mon village considèrent que « j'ai les moyens » puisque je vis en France. Et puis, je suis un peu connu. Alors, notables et religieux, d'une seule voix :

– On ne peut pas le laisser faire ça ! Les jeunes vont l'imiter.

Il y a un autre mobile à leurs réticences. Ils en sont convaincus : si les garçons du village vont chercher leur promise sous d'autres cieux, les jeunes filles d'Ouellah ne trouveront plus de mari. Voilà pourquoi un jeune homme originaire d'un village de l'Ouest rencontrera les plus grandes difficultés s'il désire épouser une jeune fille du Sud. À tous ces dépositaires du savoir, j'oppose parfois :

– Non, ce n'est pas ainsi que les choses vont se passer : si j'épouse une fille du village d'à côté, l'un des gars de ce village viendra épouser l'une des filles d'ici !

Mais rien à faire. C'est ancré dans les esprits : la tradition est un mur infranchissable. Mes oncles, à partir du moment où ils ont appris que je n'étais pas prêt à dépenser un centime pour une fille qui me laissait indifférent, ont déclaré en chœur :

– Il nous méprise ! C'est sa façon de nous le montrer.

Tout Comorien vivant en France jouit d'une aura au pays ; sois certain que si j'avais voulu convoler avec une fille d'Ouellah, j'aurais été capable de la trouver seul. Les immigrés offrent des avantages : de l'argent, le mode de vie qui va avec et une autre culture. Donc, épouser une fille du village, si tel avait été mon souhait, n'aurait pas été un problème. Mais je n'en voulais aucune. Moi, je voulais Maeva, la fille de Vouvouni…

Il s'est produit un épisode au village qui a renforcé la conviction selon laquelle s'éloigner pour aller chercher sa promise ou son promis était une malédiction. Une jeune fille avait son amoureux dans une contrée voisine et sa mère s'était opposée à leur mariage. Éprise comme elle l'était, celle qui ne rêvait que de convoler n'en a pas tenu compte. Et elle s'est trouvée bannie par les siens. Hélas, la jeune fille allait mourir avant sa mère ; et ce, sans qu'elles se soient réconciliées. Or, c'est l'un des enseignements de l'islam : tu dois pardonner. Sinon, il n'y aura de repos pour personne. Toutes les mères, à Ouellah comme ailleurs, ont cette triste histoire en mémoire. Elles n'en parlent pas. Elles voudraient l'oublier, terrifiées qu'elles sont que cela leur arrive un jour. Kemin, c'est un secret que je viens de te confier.

Mdjaza Daho aura mis dix ans à accepter l'amour que je porte à ta maman. Cela a compliqué notre relation, nous étions tout le temps aux frontières de l'affrontement. Comme tu peux l'imaginer, elle ne voulait pas perdre son fils : nous nous sommes retrouvés. Quand Mdjaza Daho a commencé d'entendre des propos élogieux au sujet de Maeva, ceux qu'ont fini par tenir mes sœurs, son ton s'est radouci. Et puis, tu étais là, ainsi qu'Amil, et elle vous a toujours profondément aimés. Il nous arrive encore parfois de débattre, ta grand-mère et moi. Ainsi, selon elle, si tu es malade, c'est la volonté de Dieu ; en revanche, avoir résisté comme je l'ai fait au Grand Mariage, c'est la mienne.

– Mais écoute-moi, l'ai-je implorée à plusieurs reprises : si Dieu ne m'a pas donné l'amour du Grand Mariage, c'est parce que telle est sa volonté !

– Non ! C'est toi qui ne veux pas !

Voilà, c'est sa logique. Le Dr Charif, qui était présent aux côtés de mon père à la fin de sa vie, a eu recours à toute sa force de conviction quand il est venu plaider ma cause.

– J'ai accompagné ton mari jusqu'à sa dernière demeure, lui a-t-il dit. J'ai posé sa tête sur la terre pour qu'il repose. Vu ce que Chébli traverse avec Maeva, si tu lui imposes un mariage, je ne serai pas avec toi.

Par ces propos, il lui a laissé entendre qu'il se faisait le messager de mon père. Et cela n'a pas été pour rien dans la décision de Mdjaza Daho de me prêter une oreille plus attentive.

Pour être franc, Kemin, je suis resté trop longtemps dans l'indécision. Ma vie, c'est la musique, les concerts, dormir peu et te consacrer tout le temps qu'il m'est possible de t'accorder. Me marier n'était pas ma priorité, d'autant que Maeva et moi avions déjà célébré un mariage religieux en France, en 1994 ; une cérémonie presque furtive suivie de brèves réjouissances. Nous étions déjà liés l'un à l'autre. Maeva savait que je ne la quitterais jamais. Alors, même quand la famille a commencé d'accepter ta maman, j'ai continué de résister. J'étais comme le poisson hameçonné qui se débat de plus belle au fur et à mesure que le fil du pêcheur le ramène vers la barque. Jusqu'au jour où c'est Maeva qui me l'a demandé. Chaque année, tu es confié durant l'été à l'hôpital La Roche-Guyon, dans le Val-d'Oise, et Maeva s'échappe vers les Comores. C'est la saison des Grands Mariages, y assister fait sa joie. Je parviens toutefois à imaginer ce que chacun a dû éveiller en elle : le même sentiment doux-amer. Elle voudrait tellement être, un jour, celle que l'on célèbre. Celle qu'on honore. Ces danses, ces rires, cette liesse, elle voudrait que ce soit pour elle. En outre, chaque fois que Maeva assiste à l'un de ces Grands Mariages, elle contracte une dette envers celui qui l'y a invitée. Elle se doit de rendre la pareille. Un soir, ta maman était particulièrement lasse, elle m'a dit dans un soupir :

– De toute façon, de Grand Mariage, il n'y en aura pas pour moi…

Cela m'a pétrifié ; dès lors, j'ai tenté de considérer les choses différemment. Soit telles qu'elle pouvait les voir…

Un Grand Mariage, c'est toute la famille ou rien. Je veux que tu sois à mes côtés ce jour-là, Kemin. Ainsi, plus jamais Maeva n'aura le sentiment que je lui adresse le reproche de nous avoir donné un enfant malade. Et de le lui faire payer au prix fort.

– Mais je n'y suis pour rien si Kemin est malade ! m'a-t-elle lâché un soir. Tu me prives de Grand Mariage parce que notre enfant est malade ? Tu me punis ? Que Kemin soit malade ne t'empêche pas d'aller faire tes tournées, de voyager, de rencontrer du monde. Cela ne t'empêche pas de faire des films ! Des concerts ! Six mois par an, tu n'es pas là. Et Kemin, pendant ce temps, je m'en occupe. Regarde : il est toujours là. Alors, pourquoi je ne pourrais pas faire de Grand Mariage ?

Je ne l'ai pas montré, mais je venais d'être sérieusement ébranlé.

Elle a poursuivi :

– Toi, tu passes ta vie sous les projecteurs. Moi, je ne te demande qu'une journée dans la lumière. Un jour à moi. Parce que tu en as déjà eu plein. Parce que j'ai toujours été là, derrière toi. Dans ton ombre. Je t'ai attendu. Toutes ces soirées que tu as passées en studio, avec tes amis ! Et moi, je faisais quoi pendant ce temps-là ? J'étais à la maison. Maintenant, je veux mon jour à moi.

Touché-coulé.

Ç'a été comme une onde de choc, il m'a fallu un peu de temps pour l'absorber. Et puis j'ai compris, c'était comme une évidence : en lâchant prise, comme j'avais su le faire pendant le concert de Wemba, nombre des miens allaient voir leur rêve se réaliser. Ma mère verrait son aîné se marier selon la tradition ; moi qui porte le prénom et le nom de mon père – Chébli Msaïdié –, c'était comme si elle se mariait enfin. Je réalisais le rêve de Maeva et lui prouvais, par cet acte, l'amour qui est le mien et que je lui porte depuis toujours. Je réalisais le rêve de mon oncle Ibrahim qui m'avait accueilli à Marseille. Celui de ma tante, aussi. Mais ce ne serait pas mon rêve, tant qu'il ne me permettrait pas de réaliser le tien.

C'est pourquoi, Kemin, toi et moi, il fallait que nous partions ensemble sur le chemin du taarab.

– 19 –

L'échange que j'ai eu avec cet anesthésiste de l'hôpital Robert-Debré a profondément bouleversé le regard que je portais sur toi. Oui, il avait raison, mille fois raison : tu es un ange et tu me protèges. J'ai oublié ta maladie, ton statut de patient. Je me suis mis à te parler différemment, comme je m'adresse à un adulte. Comme je m'adresse à moi-même. Je te raconte mes journées, ce avec quoi je lutte – tout ce qui me passe par la tête. Certes, tu ne me réponds pas ; mais je sais que les anges ne parlent pas. J'interprète le moindre signe que tu m'adresses. Ma vie n'est plus la même depuis que tu n'es plus l'enfant que je protège mais l'ange qui veille sur moi. Je sais que rien ne peut m'arriver. Et que rien de fâcheux ne surviendra durant notre voyage. C'était hier : tu avais cinq ou six ans, la maladie ne t'avait pas encore enserré dans ses griffes. Tu venais de regarder *Madagascar* en DVD, ta maman t'a dit :

– Tu sais, moi, je suis née à Mada.

Tu n'as plus rêvé que de lions et de girafes et un jour, tu m'as agrippé par la manche.

– Papa, je veux voir Madagascar !

– Mais Kemin, on vient de le regarder, un autre jour si tu veux…

– Non, tu n'as pas compris, papa : je veux aller à Madagascar !

Tes premiers symptômes sont apparus peu après ; il y a eu ta noyade sur la plage de l'Estaque, tes deux arrêts cardiaques : nous ne sommes jamais partis. Aujourd'hui, si nous devions embarquer vers cette destination, ce ne serait possible qu'à bord d'un avion médicalisé. J'ai demandé à un directeur d'Air France dont l'enfant est, comme toi, atteint d'adrénoleucodystrophie, si notre départ pouvait être envisagé à bord d'un avion de ligne. La présence d'un médecin à tes côtés serait nécessaire durant le vol ; et puis, si ton état venait à empirer, l'avion serait contraint d'atterrir. Compliqué. Maintenant, en admettant que je trouve le moyen de nous transporter jusque là-bas, il demeure une question : à Madagascar, on fait comment ? « Vivez votre vie ! » m'avait un jour conseillé le Pr Aubourg. Facile à dire : « Impossible ! » est l'adjectif auquel les médecins ont ensuite eu le plus souvent recours. Alors, en attendant le jour radieux où Madagascar nous accueillera, je m'apprête à en vivre un autre qui ne le sera pas moins, et je me consacre aux préparatifs du Grand Mariage.

Chez nous, cet événement signifie trois mille à quatre mille invités à nourrir pendant quinze jours. Cinq à dix bœufs abattus. Je ne veux pas sombrer dans cet excès mais il me sera sans doute difficile d'y échapper. Parce que je vais me marier deux fois. Deux villages, cela signifie deux mariages : un à Ouellah, un autre à Vouvouni. Quand le Grand Mariage est célébré dans un seul, notables et religieux entreprennent de gérer l'événement. Là, il y a deux clans ; une compétition va s'établir entre eux, ce seront des palabres à n'en plus finir. Et il va en aller de même pour les familles. Je te laisse augurer de ces arguments et explications qui s'éternisent et dont les femmes sortent, en général, les grandes gagnantes. Pour ma part, je veille sans cesse à ne pas commettre d'impair. Je te donne un exemple : si la famille de Maeva tue cinq bœufs, je dois répondre par 15 000 euros. Si elle n'en abat que trois, je mettrai la même somme sur la table – il s'agit ici de courtoisie, je te le rappelle, en aucun cas de me montrer dispendieux.

La concurrence entre les familles peut parfois aller jusqu'à briser les couples. Comment se réjouir d'un Grand Mariage dans ces conditions ? Seuls les notables y trouvent leur intérêt. Ces notables, c'est moi demain si je veux. Après mon Grand Mariage, je serai l'un des leurs. Coopté. Et, toujours si je le veux, ces Grands Mariages à foison, chaque année, vont devenir une rente. Je percevrai une retraite avant l'heure. Plus il y aura d'argent dépensé, meilleur ce sera pour moi. Je vais attendre que les jeunes se marient comme le pêcheur prêt à lancer son épervier. Et si l'un d'entre eux vient à se mettre dans la tête d'épouser une fille née dans un autre village, je vais tenter de l'en dissuader – ce serait un manque à gagner. Je crois que tu me connais maintenant suffisamment, Kemin, pour être certain que je serais incapable de procéder de la sorte ; je ne vais pas changer une fois devenu notable. Les jeunes sont tout aussi conditionnés que l'ont été ceux de ma génération. Celles de mes parents et de mes grands-parents ; et ainsi de suite jusqu'à la nuit des temps. J'ai vu des gars venir en France, passer un doctorat, puis rentrer au pays afin de célébrer le Grand Mariage. Le poids social de cette tradition est énorme. Si tu sors du sillon tracé par les anciens, ils te considèrent comme un marginal. Et te le rappellent quand l'occasion s'en présente.

Je sais de quoi je parle. Le mari de l'une de mes cousines est venu me demander d'écrire les chansons de leur mariage ; je n'accepte que rarement, mais là, c'était différent. C'était pour la famille. Je les avais vus grandir l'un et l'autre, j'ai écrit les chansons. Ils ont réuni quatre mille invités. Tout Moroni était là et chacun en est convenu : les chansons étaient magnifiques. Placé au dernier rang, je n'ai pu serrer les mariés dans mes bras parce qu'il était impossible de les approcher : je n'étais pas un notable. Plus tard, ma cousine me racontera la joie de cette journée de l'oukoumbi – le jour réservé aux femmes durant lequel elle a dansé devant les invités –, et la tristesse qui a été la sienne de m'avoir à peine aperçu. Si je deviens notable demain, j'aurai du mal à écrire mes chansons ; selon moi, on ne peut être artiste et notable. Ou alors, si je viens à essayer d'être l'un et l'autre, je veillerai à rester artiste d'abord. Mais où sera ma place ? Si la majorité des notables était composée d'artistes, ça se saurait. Je suis un progressiste, comme mon père, le grand Chébli Msaïdie. Comme lui, je n'aime pas voir les choses figées. Surtout si elles ne relèvent pas de l'intérêt du plus grand nombre.

Je vais écrire la plupart des chansons de notre Grand Mariage. Je viens d'en achever une à l'intention de ta maman intitulée « Ce jour est ton jour ». J'en ai commandé deux à une cousine dans un registre tanzanien, c'est un choix personnel. Les autres seront confiées à des paroliers, des professionnels, griots et griottes, qui peuvent écrire jusqu'à cinquante chansons par mois lorsque refleurit la saison des Grands Mariages. Ce sont des artisans des mots ; ils savent ceux qui comptent et comment les arranger joliment pour en faire surgir la notabilité tel le magicien faisant jaillir une colombe d'entre ses mains. Chacun de ces mots est confronté aux exigences du protocole. Les parents doivent être cités les premiers, puis vient le tour des notables. Si le protocole concernant la famille est assez simple à respecter, il s'agit ensuite de déterminer un ordre à la fois complexe et délicat : le moindre manquement est susceptible de provoquer des drames.

Les artistes sont rémunérés pour leur travail d'auteur ; ils ne le seront pas pour leur prestation scénique lors du Grand Mariage. C'est leur façon de contribuer. Mon père, qui s'est produit à l'occasion de nombre d'entre eux, n'a jamais été payé. C'était son devoir d'artiste que de faire ce don à la collectivité. Pour ma part, j'écoute chaque chanson et je veille scrupuleusement à ce que personne ne soit oublié. Signale que celui-ci n'est pas à sa place ; il devrait être à la dixième, pas à la vingtième. Ces réglages nécessitent un temps infini. Il y a, chaque fois, soixante noms à citer. Mdjaza Daho, à son tour, écoutera les chansons. Je sais déjà ce qu'elle va me dire :

– Il y a trop de noms du côté de ta femme, pas assez du nôtre.

Et ce, dans le respect d'une parfaite équité. Je sais Mdjaza Daho apaisée ; c'est sa nature qui est ainsi, surtout depuis la mort de son mari, j'ai appris à l'accepter. Ce matin, elle m'a entendu rigoler avec mes sœurs alors que nous nous affairions à dresser une énième liste des convives du madjlisse en tenant compte de l'ordre de préséance de chacun : un casse-tête, ils seront mille cinq cents ! Elle est venue vers moi et a tapé son poing contre le mien comme le fait Amil quand nous nous retrouvons :

– Je suis tellement heureuse de voir notre grande famille bientôt réunie ! m'a-t-elle dit.

Pour une fois, elle semblait satisfaite de son aîné.

Tout jeune couple de la Grande Comores est confronté au choix suivant : une belle maison ou un beau mariage ; sur notre île, il est rare de pouvoir s'offrir les deux. Les notables, parce qu'il y va de leur intérêt, inciteront les tourtereaux à célébrer l'événement avec faste « afin d'en faire profiter la communauté » :

– Nous, on n'espère pas de vous la construction d'une maison mais que vous célébriez un Grand Mariage. Faites la fierté de vos familles et de tous les nôtres. Et puis, n'oubliez pas que vous devez satisfaire à vos obligations sociales...

Il est vrai que si le Grand Mariage n'existait pas, il n'y aurait pas d'aussi belles maisons à la Grande Comores. Chacun veut faire au mieux et terminer les travaux pour le jour J ; parce que après il n'y a plus d'argent. Tu comprends maintenant pourquoi tant de chantiers – hélas ! – ne sont jamais achevés à la Grande Comores.

Si tu hésites entre un toit pour ta douce et des festivités pour quatre mille personnes, il y aura toujours un tonton pour venir te glisser :

– Écoute, mes amis de la place du village, les vieux qui discutent le soir sous le manguier, ils ne sont pas dans l'attente d'une belle maison. Ils veulent ce qui leur est dû.

Aucun couple ne peut résister bien longtemps à ce genre de pression ; il finit, en général, par laisser tomber la maison.

La maison que nous allons occuper avec Maeva est d'inspiration occidentale. Elle est située dans l'enceinte d'une jolie cour murée ; les dimensions de l'une et de l'autre sont respectables. J'ai installé un studio au sous-sol. Au rez-de-chaussée, un salon, une salle à manger ; les chambres se trouvent à l'étage. Et les travaux sont bien avancés.

Aujourd'hui, à la Grande Comores, les constructions, dans leur grande majorité, sont en dur. Il y a du béton et de la ferraille de partout. Personne n'a les moyens de faire appel à un architecte. Les coûts sont minimisés autant que faire se peut ; mais parfois, ce sont des économies qui coûtent cher : les matériaux choisis ne sont pas les bons, et l'approximation le dispute à l'improvisation. Si, d'aventure, quatre murs viennent à être érigés, ils ne seront pas en mesure d'affronter le temps. Peu importe : pour l'instant, l'édifice tient debout. Et puis, faute de toit, on tendra des bâches si le besoin s'en fait sentir. Force est de le constater, Kemin : sur notre île, ce qui t'appartient ne te valorise pas. Ce qui te valorise, c'est ce que tu es capable de donner. Tu es riche parce que tu distribues. J'espère qu'un jour je comprendrai ce qui a fait d'une pratique ancestrale un rituel contemporain. Après deux périodes de colonisation, le Comorien ne sait pas exactement qui il est. Nous sommes arabes et français. Un enfant aux traits harmonieux, on dira de lui qu'il est « beau comme un Arabe » ; un homme intelligent le sera « comme un Européen ». Le malheur, dans tout ça, c'est que le noir, personne ne trouve ça beau.

Nous sommes donc dans les préparatifs et, tu l'auras compris, l'objectif est d'en mettre plein la vue. Admettons que je doive fournir dix bœufs ; je serais heureux, en faisant leur acquisition, de contribuer au développement de l'économie locale. Mais je dois aller les acheter en Tanzanie ou à Madagascar. Les taureaux comoriens sont devenus de plus en plus rares parce que ceux qui les élèvent le sont encore davantage. Alors que la demande est forte et permanente, le bœuf du Grand Mariage est devenu un produit d'importation. Ça « brille » davantage. Avant, dès le plus jeune âge, les parents emmenaient leurs enfants aux champs pour qu'ils y apprennent le travail de la terre. Ma mère a sept enfants ; aucun d'entre nous ne l'a accompagnée aux champs. Jamais. Il en va ainsi pour la plupart des gens de ma génération, et je crois que notre société comorienne s'en trouve profondément affectée.

C'est à Dubai que sont achetés les bijoux. Maeva est allée avec sa maman choisir ceux que je vais lui offrir. Normalement – je veux dire « selon la tradition » –, j'aurais dû m'y rendre avec mes sœurs pour effectuer ces achats. Mais je suis parti du principe que, s'agissant de mon cadeau, Maeva avait le droit de le choisir. Elle m'a donc envoyé les photos des modèles sur lesquels elle avait jeté son dévolu : un camée et une parure en or, l'un et l'autre merveilleusement travaillés. Elle a sélectionné pour moi les étoffes les plus légères, les plus agréables à porter, toutes d'un blanc éclatant, dans lesquelles les meilleurs faiseurs ont taillé les boubous que je porterai pendant quinze jours. Ils me sont offerts, ainsi que les sandales, les coiffes et la canne que j'utiliserai pour danser. Maeva a encore profité de son séjour pour acheter les sacs qui envelopperont les cadeaux destinés aux invités. Tout viendra de Dubai. Jusqu'aux boissons et autres crackers. En quelques jours, Maeva a dépensé les économies que sa mère a réalisées durant des années en prévision de cet événement. Pendant ce temps, en France, ses sœurs en faisaient autant. Elles ont commandé des tonnes de victuailles et de conserves, jusqu'aux assiettes en carton – tout cela va être expédié. Les notables auraient pu mettre un terme à ce système, ils ne l'ont pas fait.

À son retour, Maeva est allée présenter son choix à mes sœurs. La simple idée d'avoir mal fait l'effrayait. Après avoir obtenu leur validation, il lui fallait celle de ma mère. Mdjaza Daho a reçu les photos sur l'écran d'un portable. Elle m'en voulait encore de l'entorse que j'avais faite aux usages en n'accompagnant pas Maeva à Dubai. Ce qu'elle a vu a eu l'heur de lui plaire…

– 20 –

Mdjaza Daho s'inquiète. Elle trouve que les préparatifs du Grand Mariage n'avancent pas aussi vite qu'ils le devraient, surtout de mon côté ; concernant celui de ta maman et de ses sœurs, le processus suit son cours tel un train sur sa lancée : rien à redire. Pas encore. La compétition s'est engagée avec la famille de Maeva ; le stress s'insinue dans les cerveaux, la tension monte. C'est vrai que j'ai eu un peu tendance à traîner les pieds ces derniers temps.

– Alors, quand est-ce qu'on se voit ? Il faut bien qu'on se voie pour répartir les rôles ! supplient régulièrement mes sœurs au téléphone.

La messagerie vocale de mon téléphone est saturée. Oui, pareil événement mériterait davantage d'implication de ma part. Je vais te parler à voix basse, Kemin, et encore une fois me montrer parfaitement sincère : sans doute est-ce parce que je connais tous ces petits arrangements entre amis du Grand Mariage que je suis, parfois encore un peu ambivalent à son sujet. Crois bien que cela n'a rien à voir avec les sentiments que je porte à ta maman.

Chaque soir, Mdjaza Daho vient aux nouvelles :

– Et quand vas-tu annoncer au village que tu vas te marier ?

– J'ai commencé. Un peu…

Quand tu fais part à ta génération de ton intention de convoler, tu dois lui offrir une chèvre. Ça aussi, c'est la tradition qui le veut. J'imagine que dans le temps on la ramenait au bout d'une corde. Et que cette corde, il fallait la payer en sus du prix de la bique. Avec le progrès, la corde est devenue une somme d'argent liquide. Les notables ont encore trouvé un moyen d'encaisser.

– Mais, attendez : cette chèvre, elle n'a pas de corde ?

– Mais si, elle a bien une corde ! Regardez…

– Ah non, je ne vois rien. La corde, c'est pas ça. Alors, tu donnes combien pour la corde ?

– Je veux bien donner 100 euros…

– Ton statut te permet de faire mieux. Beaucoup mieux. Ton voisin, il a donné 100 euros. Toi, tu peux donner 120…

– Pas question !

Je suis resté ferme ; j'ai ajouté 100 euros au prix de l'animal et je suis parti avec. Tant que tu n'es pas marié, tu appartiens à la catégorie des wanamdji, les « petits » du village. La plupart d'entre eux sont tes copains de toujours. Alors, en ton honneur, ils vont tuer la biquette, la faire griller, chanter et danser toute la nuit. Ils sont heureux pour toi. Tu vas devenir un notable.

À chaque jour correspondra une cérémonie suivie de festivités ; avec ou sans moi, tout a déjà été décidé. La famille de Maeva sera en charge de l'organisation des cuisines. En outre, elle arrivera les bras chargés de présents et l'ensemble de ma famille, comme moi, sera vêtue de pied en cap. Une dizaine de boubous *made in Dubai*, vingt costumes, des montres de marque, des parfums vont changer de mains : c'est l'ichima. Mais lorsque nous recevrons ces cadeaux, il conviendra d'abattre trois ou quatre bœufs – je te l'ai dit, le Grand Mariage est un vaste troc entre les familles. En accompagnement, les convives se verront proposer du riz, des petits pois, du maïs et des bananes également offerts par la famille de la mariée. Elle veillera encore à apporter le meuble utilisé pour tirer le lait de la noix de coco, la gazinière traditionnelle sur laquelle nous allons faire mijoter les plats. Des feuilles de manioc aux boutons de manchette, les notables vont passer en revue les présents tandis que l'événement sera commenté par un griot.

À l'issue de l'ichima, il m'appartiendra de nourrir les hommes ; ceux d'Ouellah comme ceux du village de Maeva où nous nous rendrons en voiture – il est situé à une heure de route. Tandis que le cortège s'ébranlera, les commentaires commenceront de fuser. Seule l'élite d'Ouellah est conviée à Vouvouni. Plus de gens prestigieux seront vus à mon mariage, plus il sera considéré comme une réussite. Mais il existe un corollaire : quand les invités sont riches, leurs attentes n'ont rien à voir avec celles du commun des mortels. C'est là que je suis censé intervenir et me dépasser. Il me faudra également remercier la famille de Maeva de s'être montrée si généreuse envers moi. En fait, tout ce qui me sera apporté, je vais l'acheter. Et ce, sous la forme de gratifications sonnantes et trébuchantes, en or ou en argent. À mon tour d'offrir des bijoux, une vingtaine au total, ainsi que les coussins nécessaires à leur présentation. Mes sœurs vont passer au milieu des convives pour leur faire admirer ces merveilles que les orfèvres des Émirats arabes unis ont travaillées des heures durant.

Reste à déterminer où se déroulera chaque cérémonie : à Ouellah ou à Vouvouni ? Voilà qui augure de difficiles négociations. En général, à l'issue de celles-ci, c'est l'homme qui porte à la connaissance du public le programme des réjouissances ainsi que l'endroit où se déroulera chacune d'entre elles ; mais ne te fais aucune illusion, Kemin : c'est sa femme qui décide de tout. Tu verras souvent une épouse se lever pour laisser son mari s'asseoir et cela pourra te paraître choquant ; mais c'est comme ça. Toutefois, garde-toi des apparences : les hommes comoriens pensent avoir le pouvoir mais ce sont les femmes qui le détiennent. Elles ont toujours le dernier mot.

Le jour de la femme, c'est l'oukoumbi. Bien sûr, on va le célébrer dans le village de ta maman. Contre l'avis des notables d'Ouellah, j'imposerai que le dîner préparé en l'honneur de mes amis y soit servi. Ceux-là, je les entends déjà : « Nous obliger à rouler pendant une heure pour manger, c'est nous manquer de respect… » J'ai une réponse toute prête : « C'est ça ou rien ! »

Je sais que lorsqu'ils auront fini de maugréer, ils feront le déplacement avec joie.

Maeva présentera les cadeaux qui me sont destinés à l'occasion d'une cérémonie qui se déroulera à Ouellah. Aux yeux de ses habitants, elle revêt une importance particulière : à dater de ce jour, ils vont considérer ma femme à l'aune de sa générosité envers moi. Quand les époux sont originaires du même village, les vêtements du conjoint sont exposés à l'intention des femmes chez la mariée puis chez la sœur du marié ; les hommes doivent patienter pour les voir lors d'une visite chez le promis. Quand ils ne sont pas du même village, comme c'est le cas pour Maeva et moi, tout se passe normalement dans le village du marié. Maeva a souhaité procéder différemment : de peur que les habitants de Vouvouni ne puissent découvrir les splendeurs qu'elle m'a réservées, la première présentation se fera chez elle. Maeva veut prouver à ceux qui l'ont vue grandir que rien n'est trop beau pour moi. Bien sûr, cette initiative ne plaît pas à ma famille. Selon elle, ce sont les habitants d'Ouellah qui devraient avoir la primeur. Tu vois, Kemin, à quel point je suis appelé à faire montre de diplomatie depuis quelque temps.

Aux yeux des notables, le madjlisse est, de toutes ces cérémonies, la plus importante ; pourtant, il y a fort longtemps, d'aucuns affirmaient que le moment fort d'un Grand Mariage, c'était le jour du taarab. Les Comoriens ont fini par s'éloigner de cette idée. Pour rester en accord avec ceux qui avaient décidé de guider leur conscience, essentiellement. Je veux être tout à fait clair avec toi, Kemin : quand je te parle des religieux, je ne fais pas allusion aux cheikhs. Je me réfère à ceux qui ont appris la religion et qui l'enseignent. Ils dispensent sous le couvert de la foi ce qui est le plus favorable à leurs intérêts. Les cheikhs, les vrais, ne s'abaissent pas à cela.

Je sais que je devrai affronter les religieux et les notables qui veulent me voir renoncer au taarab au profit du madjlisse. Parce que cette cérémonie leur donnera l'occasion de se retrouver et de partager quelques libations ; en outre, elle est accessible à toutes les catégories sociales, bénéfique à l'ensemble de la communauté, et donc à leur image. Pour toutes les raisons que tu sais, Kemin, plus que tout au monde et parce que je te l'ai promis, je veux célébrer avec toi le taarab lors du Grand Mariage qui m'unira à ta maman. C'est à cette occasion que je te chanterai cette chanson qui nous transportera.

Ma mère comme mon oncle ne me parlent que du madjlisse ; je dois, pour leur échapper, me réfugier au fond d'un studio d'enregistrement. Mes sœurs rencontrent d'autres soucis, plus matériels :

– Tu vas achever ta mère avec tes conneries… On t'attend pour savoir comment on va dépenser l'argent, et toi, tu es en répétition !

Du coup, elles s'en prennent à Maeva :

– S'il agit comme ça, c'est parce que tu le laisses faire ! Tu dois lui expliquer que c'est important qu'il vienne nous voir.

Tout tourne autour de l'argent. Encore et toujours. L'un de mes cousins venait d'obtenir un contrat à Orléans après des années d'intérim ; bien sûr, il n'allait pouvoir se rendre au Grand Mariage. Mon oncle Ibrahim, après l'avoir convoqué, a pris un avion à Marignane qui l'a déposé à Paris. Le rendez-vous était fixé à la sortie du métro Châtelet : il fallait « régler tout ça ». Nous nous sommes attablés dans un café. Mon cousin m'a prié d'accepter ses excuses et de les transmettre à l'ensemble de la famille restée au pays. Respectueux, mon oncle Ibrahim l'a laissé terminer avant de prendre la parole :

– La seule façon de te faire pardonner, c'est de donner beaucoup d'argent… Tu comprends, si tu ne viens pas, et si tu ne donnes pas beaucoup, si on ne cite pas ton nom parmi les premiers donateurs, Mdjaza Daho ne le supportera pas.

Voilà le genre de pression qui peut s'exercer au sein de notre famille.

Je suis parvenu à convaincre ma mère qu'il était préférable de ramener la durée du Grand Mariage à une semaine. Je te laisse imaginer combien j'ai dû argumenter ; ta maman m'est venue en aide en soutenant ce choix. J'ai aussi dû faire quelques concessions ; notamment célébrer le madjlisse *et* le taarab, même sur un laps de temps aussi court. Dissimulant mal son dépit, Mdjaza Daho m'a chargé d'une mission : comme nous approchons du ramadan, il me faut lui trouver soixante sacs de riz et un bœuf afin de célébrer la fête religieuse qui le précède, le wallima : l'urgence est partout. Je m'escrime. Je fais de mon mieux. Je me débats avec plusieurs téléphones. La date du Grand Mariage approche, toutes les horloges se sont liguées contre moi. Dès le premier jour, il nous faudra nourrir une trentaine de familles. Chaque maison accueillera environ dix convives ; cela fait trois cents personnes au total. Malgré mon implication croissante, je m'entends répéter de partout :

– Tu aurais dû t'y prendre plus tôt !

Je sais. Mais sois certain, Kemin, que dès le coup d'envoi des festivités, à l'occasion du djéléo, tout sera en place. Ce jour-là, des fonds seront réunis. Chacun, à Vouvouni, va apporter sa contribution et les fonds seront comptés. Alors, seulement, la famille de Maeva saura quelle somme il lui est possible d'investir dans le Grand Mariage. De combien de bœufs elle disposera. Combien de taureaux. Son capital réévalué sera distribué à la communauté. Dans certains villages, des couples conservent le pactole bien qu'il soit censé profiter à tous. Chez nous, tu dois le partager immédiatement.

C'est le lendemain, le jour du karam, que je recevrai mes présents. Je vais remercier et honorer mon quartier en lui payant un tribut sous la forme d'une danse. Quand tu nais, tu appartiens à la tribu de ta mère, à l'ethnie de ta mère. À ta mère. Et donc, au quartier de ta mère. C'est donc là que je danserai le karam sur la place publique. Je porterai l'un des plus beaux boubous que Maeva a choisis pour moi et ferai usage de ma canne. Mes amis me rejoindront et leurs pas accompagneront les miens au rythme de la musique jouée par un orchestre. Maeva ne prendra pas part à cette danse traditionnelle. Elle regardera tandis que ses sœurs et les miennes se joindront à notre groupe. Ne t'étonne pas si tu vois, au centre de la place, une table avec une valise ouverte posée dessus. En seront extraits des bijoux et ils seront offerts aux danseurs. Si tu n'as pas fait le Grand Mariage, si tu es encore un wanamdji, ne fonde pas trop d'espoirs sur ce que tu vas recevoir. Dans le cas contraire, la valeur de l'objet sera proportionnelle à l'importance que t'accorde la société dans sa hiérarchie. C'est l'une de mes sœurs qui m'offrira les bijoux choisis par Maeva. En général, les notables aiment bien faire durer cette cérémonie du karam. Pendant trois heures, outre les bijoux, des billets de 10 et 20 euros sont distribués aux convives. Les notables prélèveront leur dîme sur l'argent en circulation. Trois ou quatre bœufs seront tués.

Pour l'ukumbi, Maeva va se rendre à Vouvouni où elle dansera avec d'autres femmes du village. À ceux qui auront festoyé et dormi sur place, il sera offert un somptueux petit déjeuner. Au menu, et comme sortis d'une corne d'abondance : du poisson, du poulet, des bananes, du manioc et les jus de fruits les plus divers. Une façon de remercier les invités d'avoir dansé toute la nuit. D'autres danses suivront l'après-midi, encore réservées aux femmes ; cette fois, elles seront trois cents à quatre cents à entourer Maeva, toutes vêtues d'étoffes chatoyantes, toutes là pour elle, tandis que passeront en boucle les trois chansons – trois longs éloges – qui immortaliseront notre mariage. Tenues, musique, plats, Maeva a choisi le thème de l'Afrique pour cet ukumbi ; ce sera le fil rouge des festivités, de leur début jusqu'à leur fin. Des kofias, des chapeaux exclusivement fabriqués aux Comores et à Zanzibar – chacun nécessite trois mois de travail tant la réalisation des motifs est minutieuse ! –, seront offerts aux invités les plus proches ; j'en recevrai pour ma part une dizaine.

Les femmes s'habillent pour que les autres femmes les regardent ; mais nulle par sa beauté ne surpassera celle de Maeva. Elle sera au centre de tous les regards, de toutes les attentions. Admirée. Enviée. Ce jour sera le sien. Je le passerai donc à Ouellah où trois ou quatre bœufs – ceux-là nous ont été offerts – seront égorgés pour l'hirimou, prévu le lendemain. Les quartiers de viande seront distribués, découpés puis cuisinés avec du riz. C'est la seule cérémonie où les notables et ceux qui ne le sont pas auront l'occasion de se croiser. L'hirimou est un brassage de générations et de clans.

Le ukumbi revêt une importance particulière aux yeux de Maeva et c'est la raison pour laquelle j'ai accédé à sa demande – et à celle de tant d'autres par la même occasion. Mais plus que tout autre, ce jour de fête sera essentiel à ma mère, mon oncle et mes cousins – il sera pour eux l'occasion de recevoir leurs amis avec faste. Je le leur dois ces instants ; Mdjaza Daho sera aux portes de la félicité. Comme mon nom est connu à la Grande Comores, cette journée réunira deux mille à trois mille convives. Toute l'élite sera présente. Devant le gratin réuni, je ferai une entrée à la hauteur du notable que je suis appelé à devenir.

Je sais qu'à cet instant je pourrai lire la fierté dans le regard de Mdjaza Daho qui a invité toute sa génération et celle de mon père. Elle semblera leur dire : « Regardez mon fils ! »

Maeva, chez ma tante, resplendissante et comblée, arborera une parure et les bijoux que je lui ai offerts. Des notables et des religieux prendront la parole. Qui va remercier l'assemblée ? Qui lira le Coran ? Chaque intervention a une signification, un sens social ou religieux. Les gens n'auront d'yeux que pour les gloires locales. Et longtemps après la dernière danse, les commentaires continueront de pleuvoir. Qui était là ? Qui n'était pas là ?

C'est le Grand Madjlisse.

Le soir du djaliko, Maeva préparera un dîner à l'intention de mes amis, environ trois cents personnes. Il sera servi à Vouvouni, des femmes appartenant à une association du village lui prêteront main-forte. Les hommes danseront et je me joindrai à eux. C'est à l'issue de cette célébration seulement que tu deviens notable, Kemin. Tu es alors au zénith. Là, tu dois faire un choix. Parce que ce qui importe ensuite, c'est de savoir qui tu es vraiment et quel sera l'usage fait de cette notabilité qui t'accompagnera jusqu'à ton dernier souffle. Je sais l'homme que je suis : je ne me laisserai pas griser par le pouvoir et les honneurs factices, je ferai en sorte de me laisser guider par la seule élégance.

Le dimanche, les amis qui m'ont accompagné toute la semaine vont m'emmener officiellement chez Maeva, à Vouvouni. Comme les mariages sont souvent arrangés, le couple n'est pas censé se connaître. C'est ce jour du mtro dahoni que les tourtereaux se découvrent. Je jouerai le jeu et feindrai de mettre les pieds pour la première fois dans cette maison que j'ai construite. Je vais même payer des droits pour y entrer. J'attendrai sur le seuil celui qui m'y fera pénétrer. Il va faire mon éloge, narrer mon parcours, sans doute avec moins de précisions que je t'en donne, raconter les petites histoires de ma vie et les grandes aussi. En contrepartie, il recevra une somme et m'autorisera à entrer chez moi.

Épilogue

De ces jours de célébrations, j'attends entre tous celui du taarab. Nous allons nous exonérer de toute pesanteur, de toute contrainte. De ce qui nous entoure et des contingences. Ce jour marquera le départ de notre voyage. Parce que toi et moi, Kemin, allons partir avec la musique pour seule boussole. Les meilleurs musiciens des Comores nous accompagneront. Parmi eux, ceux de l'orchestre ACM que mon père a fondé.

Mon tonton Issa m'a pris mille fois par la manche pour me le rappeler :

– Si tu veux être un jour le leader d'ACM, tu dois faire le Grand Mariage !

Ton vœu est sur le point d'être exaucé, oncle Issa. Ton interprétation du taarab, comme l'ensemble des musiciens d'ACM, est « classique » : vous jouez comme déjà vos anciens par le passé. Je ne doute pas que vous allez vouloir occuper le temps et l'espace et que vous serez nombreux à monter sur scène ; ce taarab est aussi le vôtre. D'autres orchestres viendront nous enchanter depuis Paris. Ils vont se succéder jusqu'aux premières lueurs de l'aube. Et l'on dansera et l'on chantera jusqu'à en perdre haleine. Jusqu'à en abandonner la raison. Jusqu'à l'extase.

Je n'ai plus été le même homme après l'entretien que j'ai eu avec cet anesthésiste de l'hôpital Robert-Debré. Quand nous nous sommes séparés, j'avais le sentiment qu'il venait de me soumettre une énigme ; je devais la résoudre par tous les moyens : il s'agissait de toi. Comment cet homme connaissant parfaitement ton état pouvait-il, le plus sérieusement du monde, me suggérer de t'emmener à Madagascar ? Tes fonctions t'avaient déjà abandonné. Les unes après les autres.

Et s'il s'agissait d'une invitation à faire travailler mes méninges autrement ? Quitter le champ du possible et de la réalité empêchée… Ne plus m'arrêter à ce que j'avais devant les yeux. Ne plus voir que ce mal incurable. Son message était de ne plus me laisser limiter par la réalité. C'est à cette condition – et à cette condition seulement ! – que je pourrais t'en affranchir. En t'offrant les vêtements qu'aimaient les gamins de ton âge, à ma façon, je m'imaginais que ton esprit pouvait s'en aller de temps à autre faire un petit tour dans le quartier. Mais pourquoi limiter ton évasion au seul quartier ? Il fallait viser plus haut, plus loin. Beaucoup plus loin. Jusqu'à Madagascar, par exemple. Le pays des girafes et des éléphants, le pays où est née ta maman. Alors, viens. Embarquons. Ton rêve et ma chanson sont sur le point de se rejoindre, larguons les amarres ensemble.

Un bateau nous attend à Marseille. Il est au mouillage un peu au large de la plage de l'Estaque, là où ta vie est restée un jour suspendue. La maladie, Kemin, ne sera pas du voyage : elle restera sur le sable, et la mer l'emportera. Une embarcation approche, sa masse sombre fend les flots ; la silhouette d'un homme à la barre, droit comme un I : c'est le vieux Chanfi. Il aime se donner des allures d'amiral. Le voilà à la manœuvre braillant sur ses matelots, prêt à accoster. Il faut se mouiller jusqu'aux genoux pour rejoindre l'embarcation qui se déhanche sur le clapotis. L'eau est tiède. Tu progresses en tenant tes chaussures d'une main, au-dessus de l'épaule ; quand tu marches sur des galets, tu claudiques avec un léger mouvement du bassin sur le côté et ça te fait rire. Vois ce rafiot que Chanfi a racheté à la marine française : la rigidité de sa coque n'est due qu'à la rouille et il y a laissé jusqu'à son dernier sou. « Il fera la traversée jusqu'en Égypte », m'a-t-il assuré. Je ne lui ai pas dit qu'avec l'ange qui m'accompagne je n'ai rien à redouter. Tu es là et tu me protèges alors que nous nous apprêtons à rallier la terre où le taarab a été offert aux hommes. Tu vas bientôt fouler le sol de l'Afrique. Tu sentiras l'odeur un peu âcre et si particulière de cette terre rouge, celle de ses ancêtres. En la portant à tes narines du bout de tes doigts, tu ne pourras plus jamais oublier.

La France s'est effacée derrière nous. Tu arpentes le pont, bras écartés, comme un équilibriste ; tes pas sont assurés malgré le roulis. Ça grince, craque et gémit de partout. Il n'y a plus un oiseau pour nous accompagner. La nuit va bientôt tomber. Ibrahim, pas même vingt ans, a pris son quart ; hier, c'était un jeune Comorien qui traînait dans les rues, comme les trois autres gars qui constituent l'équipage. Chanfi va s'endormir en rêvant qu'il regagne son île des Comores par la mer ; en attendant, chaque jour, il fait des ronds dans la rade de Marseille avec quelques touristes à son bord. Il rentre le soir au port comme s'il venait de vaincre tous les océans du monde. Viens te blottir contre mon épaule, Kemin. Le vent s'est encore levé ; il emmêle tes boucles contre mon visage. L'étrave fend des eaux noires sans doute peuplées de créatures mystérieuses, nous avançons dans la nuit, le moteur ronronne, tu n'as pas sommeil. Tu veux encore t'enivrer d'air marin à l'avant, humer l'iode et le sel à pleins poumons. Pousser des cris de joie. Alors, tu t'y précipites à nouveau. Il me revient un refrain du grand Farid El Atrach, auteur de « Pars et reviens en paix ». Nous partons en paix, Kemin. Je vais te chanter ma chanson tandis que nous voguons vers Port-Saïd où nous accosterons.

De là, nous irons au Caire. Ton grand-père pouvait me parler de cette ville comme s'il y avait vécu, je la connais comme ma poche. Vois cette foule, entends les klaxons ; la ville palpite, surpeuplée et grouillante jusqu'au plus profond de ses entrailles. Hâte le pas, je veux te faire découvrir les salles mythiques où se sont produits Oum Kalsoum, Mohamed Abdel Wahad, Farid El Atrach et d'autres encore. Les murs ont gardé leurs voix prisonnières à jamais. Peut-être pourras-tu les entendre en approchant ton oreille. Celle d'Oum Kalsoum, dont les chansons pouvaient durer une heure, faisait pleurer les hommes. Entends-tu ces applaudissements ? Quand ils auront cessé, j'entonnerai de nouveau pour toi « Ya Khoufi booadou », « Pars et reviens en paix ». Puis nous irons place Tahrir où je connais une

Française qui tient une petite galerie d'art. Je lui ai parlé de toi, cela fait longtemps qu'elle a envie de faire ta connaissance. Tu vas te régaler de ses gâteaux tandis qu'elle nous montrera quelques œuvres récentes et bigarrées. Quand nous partirons, tu auras une toile sous le bras. Mon fils, sais-tu que la réussite d'une cérémonie de taarab tient à la qualité de l'accueil que lui réserve le public ? Celui que nous avons reçu en Égypte me convainc que notre voyage va se poursuivre sous les meilleurs auspices…

Au fil de notre périple, nous utilisons la langue la plus parlée d'Afrique, le swahili. Le soir, quand tu es sur le point de t'endormir et que nous ne sommes plus que tous les deux, je te fredonne « Maendeleo » dans cette langue – « Le progrès » ; oui, c'est le nom de cette chanson. Celle qui, toutefois, a ta faveur, c'est « Mungu » : l'histoire d'un berger qui voulait devenir roi pour épouser une princesse. Ces chansons, depuis des générations, ont accompagné des millions de Comoriens tout au long de leur existence.

Sur notre route, nous ne rencontrons que bienveillance. Partout où l'on passe, des sourires, des questions, un intérêt non feint. Lorsque l'on m'interroge, nul ne met ma parole en doute. Tu réponds avec douceur aux questions des enfants qui viennent à ta rencontre. Dans les villages que nous traversons, les gens sont toujours prêts à nous aider. Des familles hébergent les deux pèlerins que nous sommes. Nous nous laissons glisser vers le sommeil, après des heures de routes cabossées, percées de nids-de-poule, voire de cratères, que le vent balaie. Seuls les éléments ralentissent parfois notre progression. Je reste serein en toutes circonstances puisque tu es près de moi.

C'est comme si nous avions des ailes. Nous arrivons à Addis-Abeba, la capitale de l'Éthiopie, presque aussi étendue que Le Caire. Je vais t'emmener au siège de l'Union africaine où, le long d'interminables couloirs, tu passeras silencieux et recueilli sous le regard des hommes les plus illustres de l'Afrique. Leurs portraits ornent les murs : Léopold Sédar Senghor, Patrice Lumumba, Julius Nyerere, Nelson Mandela… Mon père les admirait tant ! Du regard, je chercherai ce haut fonctionnaire qui venait parfois à la maison quand ton grand-père le conduisait dans ses déplacements.

Je me souviens d'une petite bouille ronde et d'yeux cerclés de lunettes. Diallo Telli ? Edem Kodjo ? J'ai oublié son nom, qu'importe. Nous nous rendrons ensuite sur la tombe de Hailé

Sélassié, dernier empereur d'Éthiopie, Jah Rastafari pour les rastas qui lui vouent une vénération absolue : il a pris le commandement d'une rébellion qui a délivré ses frères de l'esclavage. J'ai, un temps, songé t'appeler comme lui. Je crois bien que je ne te l'avais encore jamais dit…

Ici, la musique, ce n'est ni du jazz ni de la musique africaine, elle n'est pas davantage orientale ; elle est tout cela en même temps. Et si je l'aime tout particulièrement, c'est parce qu'elle prône l'unité en réunissant dans un même concert chrétiens, musulmans et juifs. Mais il nous faudra partir, quitter ce havre, et c'est par le train que notre voyage va se poursuivre jusqu'à la frontière du Congo. Là, un chauffeur routier nous invitera à monter à bord de sa cabine quand il nous rencontrera le pouce levé sur le bord de sa route ; tu grimperas le premier, d'un bond, souple comme un chat, et je te rejoindrai après t'avoir lancé notre sac. Nous n'avons pas emporté grand-chose puisque nous n'avons besoin de rien. Les vitesses craquent, l'engin s'essouffle dans les côtes, le bruit du moteur est étourdissant, il chauffe ; je sais que nous ne tomberons pas en panne. Le chauffeur s'exprime en français, il nous prend pour des clandestins. Ça te fait rigoler. Je lui réponds en swahili que nous voyageons en toute légalité. Il nous explique sillonner, outre les routes du Congo, celles du Soudan et de l'Ouganda. Il est grand, costaud et bavard. Aujourd'hui, il transporte plusieurs tonnes de riz. Je lui raconte l'objet de notre périple et que nous sommes au Congo pour découvrir la terre où le taarab a changé de couleur. Comment d'arabe il est devenu africain. Notre culture présente des liens avec celle des Congolais ; il me fait remarquer que le même mot désigne un tambour.

La couleur de ma peau est la même que celle du chauffeur, nous partageons les mêmes goûts musicaux. Nos chansons, hurlées à tue-tête et en duo, finissent par couvrir le bruit du moteur. Alors que nous avons tant sillonné les routes depuis tant de jours, traversé les ruches bourdonnantes des grandes villes, tu es aussi frais qu'un matin de printemps. Ton teint s'est légèrement hâlé, et tu es là, tout sourires, ouvrant de grands yeux et te bouchant les oreilles. Ton visage est reposé, ta peau, lisse et nette. Tu as seize ans. Moi, j'ai les traits tirés, des cernes sous les yeux. J'ai maigri et ma peau a noirci au soleil. Mais je suis étrangement apaisé. Léger. Me suis-je senti aussi bien depuis que l'enfance m'a abandonné ? Non, je ne crois pas…

À Kinshasa, le camionneur nous déposera à un carrefour et nous regarderons son semi-remorque s'éloigner en hoquetant au milieu d'un nuage de fumée noire comme la suie.

Kin' la Belle. Kin', la ville qui ne dort jamais et où repose Papa Wemba. Tu sais, c'est grâce à lui que je suis devenu un artiste reconnu. Il m'a fait confiance et cela m'a permis d'avoir encore davantage confiance en moi ; c'est le plus beau cadeau qu'il pouvait me faire. Je lui dois beaucoup : il a été mon autre « père musical ». Je ne doute pas que tu en aies eu un jour plein les oreilles à force d'entendre sa musique que je passais en boucle à la maison. Je le considérais comme un artiste inaccessible et nous avons été des proches. Nous allons lui rendre visite. Au cimetière, nous rencontrerons un vieil homme, professeur de philosophie. Nous l'écouterons parler de la musique de Wemba pendant deux heures au pied de sa tombe. Tu ne voudras rien perdre des propos de cet inconnu. Sa science de la rumba congolaise se révélera sans limites et tu boiras ses mots comme à un puits de Connaissance. En partant, après nous être recueillis, nous serons emplis d'une énergie nouvelle. Il en faut pour explorer Kin' la Belle et ses dessous ! Ce qui me frappe à Kinshasa, c'est le rythme ; il est partout. Quand un Congolais adresse un simple salut de la main, c'est comme s'il battait la mesure. Et qu'il soit seul ou qu'ils soient mille ne change rien à l'affaire, le tempo est le bon. Nous allons rester ici plusieurs jours pour nous en imprégner. J'ai, à Kinshasa, quelques amis musiciens que je tiens à te présenter ; chez eux, la fête de la Musique, c'est tous les jours. Et toutes les nuits.

Nous donnons régulièrement de nos nouvelles à Maeva et Amil qui lui dispute le téléphone tant il a hâte de te parler. D'entendre tes impressions. Tu lui annonces que notre prochaine étape sera la Tanzanie. Je sais que les conditions seront plus difficiles ; nous croiserons sur notre route des milliers de réfugiés en quête d'un futur. Dans les taxis-brousse ou à bord des wagons de la compagnie des chemins de fer, nous voyagerons entassés, serrés les uns contre les autres, hommes et animaux mélangés. Sens la sueur sur ta peau, tes vêtements qui collent. Tu ne te plains ni ne te lamentes jamais, ne demandes pas même un peu d'eau pour apaiser le feu de ta gorge. Je ne lis aucune inquiétude sur ton visage, aucune souffrance. Je réalise que, depuis des jours maintenant, c'est toi qui me guides sur le chemin du taarab. Et je te suis tandis que tu te faufiles, le pas léger, aérien, au milieu de la foule.

Nous voilà parvenus à Dar es Salam, la capitale. Nous passerons la nuit dans un café à applaudir chanteurs et musiciens. Gorgés de musique, nous gagnerons le port au lever du soleil, nous soutenant à chacun de nos pas comme deux marins ivres. Destination Zanzibar ! Savoure la magie de ces trois syllabes. Reconnais-tu cette voix de stentor ? C'est celle de Chanfi qui invite un peu rudement l'équipage à attacher les pare-battage pour accoster au quai. Les gars s'activent à l'avant et à l'arrière, lancent des amarres plus grosses que les bras des gamins qui les réceptionnent. Chanfi nous incite à nous dépêcher en tapotant du doigt sur le cadran d'une montre imaginaire. On s'embrasse sitôt la coupée franchie. Il craint de rencontrer de méchants grains sur notre route.

– On ne perd pas de temps, le vent forcit ! lâche-t-il alors qu'il nous est impossible de nous arracher à son étreinte.

Tu étais sûr de toi quand tu lui as répondu avec un sourire rassurant :

– Il ne nous arrivera rien.

Kemin, réveille-toi ! Regarde cette côte surgie des limbes du matin. Ses contours deviennent précis, on aperçoit maintenant du vert, de la végétation. Et des silhouettes. Puis un marché. C'est Zanzibar ! Cette île est une sœur des Comores. Toutefois, aucune escale n'y est prévue – si ce n'est dans un dock pour faire le plein d'eau et de gas-oil. Le vieux Chanfi ne tient plus en place, il va falloir l'attacher : depuis trente ans, il attend ce jour miraculeux où il regagnera la terre qui l'a vu naître ; et voilà que celle-ci se profile, telle l'île que nous avons vue se dessiner doucement sous nos yeux aux premières lueurs de l'aube. Nous n'avons pas envie de le contrarier et exécutons chacun de ses ordres sans barguigner ; bientôt, les cuves sont pleines et les amarres, larguées. Notre embarcation fait route face au vent, rencontrant les uns après les autres ces grains sombres et brutaux que l'on a vus débouler de loin comme s'ils glissaient à notre rencontre sur le fil de l'horizon. Malmené par les flots comme nous tous, tu n'as jamais manifesté le moindre signe d'inquiétude. L'idée d'un naufrage ne m'a pas même effleuré. Le vent et la mer apaisés, un matelot sortira d'une caisse son luth arabe et la traversée se poursuivra en chansons. Tu relieras les étoiles par des lignes imaginaires à l'aide de ton index ; tu te demanderas quelle est la tienne. Puis Chanfi te confiera un vieux sextant qui fera ton étonnement. Il va s'allonger un peu à l'écart sur le pont, les vieux muscles de sa nuque et de son dos se dénouent ; les traits de son visage s'apaisent, un sourire l'illumine. Son âme est légère. Chanfi est un homme dont le rêve est en train de se réaliser, il va retrouver son île.

Et toi, Kemin, tu vas la découvrir.

Mais alors que nous faisons route vers les Comores, le capitaine, contre toute attente, donne l'ordre de faire demi-tour en direction de Mahajanga, une ville portuaire de la côte nord-ouest de Madagascar. Quelle mouche l'a encore piqué, ce vieux fou ? Ne cherche pas. Il s'est souvenu de ton rêve et il a, bien provisoirement, sois-en certain, renoncé au sien pour te faire cette politesse. Nous allons parcourir encore bien des milles nautiques avant d'apercevoir l'entrée du port. Quand le bateau s'y est engagé, Chanfi a traversé le pont jusqu'à l'avant ; là, en tenue blanche, des galons cousus plein les épaules, képi vissé sur le crâne, il a porté fièrement sa main vers son front pour saluer la terre malgache. On se pressait de partout, croyait-il, pour acclamer cet aventurier au long cours ; moi, je n'ai vu que des quais presque déserts et personne pour l'attendre. Nous allons lui dire adieu, Kemin ; nous savons les uns et les autres que nous ne nous reverrons jamais. En partant, tu lui as dit de ne s'inquiéter de rien.

À Mahajanga, j'ai le sentiment d'être aux Comores. Ce port est le berceau des ancêtres de ta maman. Regarde ces boutres soulevés par les flots, contemple leur cadence syncopée ; c'est comme si ces petits caboteurs dansaient une valse à trois temps. Leurs douces circonvolutions contrastent avec ce que l'on écoute ici ; tandis qu'orchestres et chanteurs interprètent les airs les plus rapides du monde, des danseurs s'élancent et gesticulent comme des diables. Nous passerons la nuit à les écouter et à les regarder. Je lirai l'enthousiasme dans tes yeux quand tu continueras de les applaudir en te tournant vers moi. Je lirai ton bonheur d'être un jeune homme aimé, en voyage avec son père.

Nous profiterons de notre séjour pour rendre visite à ton arrière-grand-mère, Asbata ; elle a plus de cent ans, dit-on, mais personne ne connaît son âge exact. Le soir venu, nous écouterons ses histoires et tous les contes merveilleux de son enfance ; ceux que l'on raconte depuis toujours au village et ceux qu'elle a inventés. Sa langue est le malgache comorien ; je ne comprends pas un mot de ce qu'elle nous dit, mais peu importe, je me laisse porter par le rythme. Toi, tu sembles la suivre dans les méandres de son imagination ; il s'est établi comme une connexion entre vous. En l'écoutant, je me surprends à battre la mesure avec mon pied ; quand elle raconte une histoire, c'est comme si Asbata te jouait de la musique. Tu es allongé sur le lit où tu finis par sombrer dans le sommeil, porté par sa voix vers de mystérieuses contrées. Et je m'endors dans son fauteuil comme un bienheureux. Le lendemain, des voisins me diront qu'Asbata a quitté ce monde depuis longtemps.

Tous, sur les quais, l'appellent « Captain Jack » ; il est français, et son prénom, c'est Jacques. Il parle le swahili comme toi et moi. C'est le vieux Chanfi qui a glissé dans ma poche en m'embrassant un bout de papier froissé sur lequel il avait inscrit l'adresse du bar où Captain Jack a ses habitudes. Quand j'ai dit à ce dernier qui m'envoyait, il ne s'est pas fait prier :

– Vous pouvez embarquer ! Je dois livrer une cargaison de bois aux Comores, je vais vous faire un peu de place dans le carré…

Même stature que Chanfi. Même ton autoritaire quand il s'adresse à l'équipage. Chacun s'active à la manœuvre, des ordres sont hurlés. Un coup de sirène dans le petit matin, très bref. La façon de Captain Jack de dire « Salut ! » quand il tourne le dos au monde, ses grosses pognes rongées par le sel agrippées à la barre. La terre s'éloigne, je te regarde. Tu es allongé, la nuque posée sur un cordage lové avec soin, mains posées sur le ventre. Ton visage est tourné vers le soleil qui est encore doux à cette heure ; le vent caresse ta peau, tu as sur les lèvres un sourire qui est celui de la satiété. Rêve, Kemin. Laisse-toi emporter jusqu'à Moroni où une foule nombreuse se pressera pour nous accueillir. Elle se mêlera à celle, tout aussi nombreuse et chamarrée, venue embarquer pour célébrer en famille la fin du ramadan sur une autre île de l'archipel. J'aurais préféré débarquer avec toi à Itsandra mais Captain Jack doit livrer son bois dans les temps. Sitôt à terre, sois-en certain, c'est là que nous allons filer. C'est dans cette ville que mon père a rencontré ma mère. C'est là, quoi qu'en dise Mdjaza Daho, que je suis né ; c'est là qu'est enfoui mon cordon ombilical : c'est ma terre.

Je vais t'accompagner jusqu'à cette place qu'encadrent quatre mosquées et te faire découvrir *La Guinguette*, le restaurant où mes parents dansaient le tango et le cha-cha-cha. Viens, dansons avec eux. Enlaçons-nous et dansons à n'en plus pouvoir. Un halo de lune éclaire la plage sur laquelle, épuisés, nous irons nous affaler ; tu te laisseras rouler plusieurs fois dans le sable avant de t'immobiliser bras écartés, les yeux écarquillés vers l'immensément grand. Et tu feras un vœu au passage d'une étoile filante.

Le matin, c'est le chant du muezzin qui nous éveillera blottis l'un contre l'autre sur le sable. Tu iras faire quelques brasses dans l'eau calme. Un peu plus tard, un taxi va nous conduire à Ouellah, le berceau de la famille de ton grand-père et de ta grand-mère. Je te montrerai la plus belle avenue du monde : le chemin long d'une cinquantaine de mètres qui conduit de chez Mdjaza Daho à la maison de ma tante Fatima Msaïdie : j'y ai fait mes premiers pas. Bienvenue à « Ouellance, la capitale de l'Ambiance », où l'orchestre ACM va jouer pour nous. Les mannes de ton grand-père, Chébli Msaïdie, nous attendent. Nous allons célébrer le taarab avec lui, nos âmes vont se rejoindre et se fondre, portées par le souffle de l'orchestre. La vie est un taarab, Kemin. Écoute sa chanson. Notre chanson.

Remerciements

Merci à l'association Ela, le professeur Aubourg et toute son équipe, Abdallah Chihabidine, Nathalie Alazard, Clémence de Bodinat, Marie-Claude Blondeau, Michel Lafon pour sa confiance, Maïte Ferracci-Buffiere, Dominique Cellura, Anne-Sophie Mouton.

Je remercie tout particulièrement nos deux familles qui nous soutiennent tous les jours, et tout le corps médical à nos côtés depuis des années.

Composition PCA
Impression réalisée par Corlet Imprimeur
pour le compte des Éditions Michel Lafon

IMPRIM'VERT® PEFC™ 10-31-1510

Imprimé en France
en septembre 2017
N°d'imprimeur : 190524
Dépôt légal : septembre 2017
ISBN : 978-2-7499-3323-8
LAF 2389